징계를 마칩니다

일
좋아하던
평범한
검사,

총장과
맞서다

징계를
마칩니다

박은정
지음

안나푸르나

추천사

박은정 검사와의 첫 만남은 인사동 한 식당에서 송년 겸 위로의 자리에 서였다. 윤석열 검찰의 보복수사를 받고 부모님 집까지 압수수색 당했다며 눈가에 눈물이 고여 있었다.

　이제 박은정 검사는 정치 검찰에 의해 핍박받은 모든 억울한 사람들을 생각하며 그분들의 자리에서 세상과 인생을 새로 바라볼 수 있는 은총의 계기를 맞이하게 됐다.

　하늘의 도우심으로 윤석열은 3년 만에 자폭해 지금 감옥에 있다. 사필귀정이다. 박은정 의원, 그동안 크게 애쓰셨다.

　이제 우리는 박은정 의원의 초심과 활약을 이 책을 통해 확인할 수 있을 것이다.

함세웅 신부

갈등이라면 타협하고 조율해야 하는 것이지만, 쿠데타나 전쟁이라면 제압하거나 진압해야 한다. 검찰총장 윤석열의 불법은 조율 대상인 갈등이 아니었다. 자신의 권력욕을 채우기 위한 검찰 쿠데타였고 진압되었어야 마땅한 것이었다.

　대권 욕망을 숨기지 않고 검찰 중립을 훼손했음에도 언론과 정치권이 이를 애써 외면하고 '추윤갈등'이라고 이를 포장하던 와중에도 용기 있게 한복판에서 윤석열 감찰을 진행한 박은정이 있었다. 그도 남들처럼 보고도 못 본 척 회피했더라면 꽃길이 이어지고, 출세가 따랐을 것이다.

나는 감찰에 대한 윤석열 사단의 보복으로 엄청난 고초를 홀로 감당해 내던 박은정의 모습을 보며 동병상련을 느낄 뿐 징계 청구로 해임을 당한 처지에서 도울 수 없어 안타까워할 뿐이었다.

검사를 천직으로 여기며 자부심 강한 검사 박은정이 절절하고 진솔하게 풀어나간 감동 이야기는 정의로워야 할 검찰이 무엇이 문제인지 누구나 쉽게 이해할 수 있게 한다.

추미애 국회의원, 제67대 법무부장관

카랑카랑한 목소리로 부패한 권력의 심장부를 추궁하는 모습으로만 기억하던 전직 검사. 스스로 당대의 가장 예민한 싸움 앞줄에 섰던 그의 뭉클한 연대기다. 맨몸으로 맞선 고통스러운 싸움의 기억에 몇 번이나 울컥하면서 겨우 읽었다.

우리 시대에 아직 정의와 희망이 있는가, 하고 묻는다면 박은정의 이야기를 읽어보라.

박찬일 쉐프

2020년 11월 윤 총장에 대한 제1 징계사유인 '판사사찰' 문건을 박은정 감찰담당관에게 직접 전달했다. 예상치 못한 상황이었을 텐데도, 침착하고 진지한 태도로 절차에 따라 처리하겠다고 말해서 믿음이 갔다. 당시엔 대검 감찰부장인 나도, 감찰담당관이었던 그도 쉽지 않은 길이었다. 본분을 지킨 검사였다. 앞으로도 공정과 정의를 위해 사심 없이 헌신할 것으로 믿는다.

한동수 전 대검 감찰부장

머리말

"4년 전 못다 한 윤석열 감찰과 징계, 이제 마칩니다."

스물여덟 살에 검사가 되어 24년 동안 근무했습니다. 그러다 어느 날 갑자기 일터에서 쫓겨났습니다. 이후 삶의 방향은 한번도 상상할 수 없는 쪽으로 바뀝니다. 저는 형사부에서 서민 대상 사건 수사와 재판에 참여했던 평범한 검사였습니다. 눈에 띄지 않았고 세상에 나설 일도 없었으며 단 한번도 그런 삶을 꿈꾸거나 원하지도 않았습니다.

어디서부터 길을 잃었는지 되묻곤 했습니다. 한 가지 분명한 것은 이제 다시는 예전으로 돌아갈 수 없다는 것입니다. 제가 사랑하고 믿고 의지했던 직장, 수사관들과 실무관이 있고 매일 다양한 사람이 드나들며 억울함과 인생의 애환을 호소하던, 그리고 함께 모여 앉아 죄가 된다고, 안 된다고 목소리를 높였던 그곳으로 이제는 영원히 돌아갈 수 없습니다.

윤석열이라는 사람이 없었더라면 직장에서 제 마지막 모습은 이게 아니었을 것입니다. 어떻게 보면 나 혼자 힘으로 막을 수 있는 일이 아니었는데 윤석열 검찰의 폭주를 막아보겠다고 나선 것부터 평탄한 궤적을 벗어났는지 모르겠습니다. 더러운 곳은 청소해야 하고, 잘못된 것은 바로잡아야 하고, 마음에 걸리면 바른 소리를 해야 하는 제 성격 때문일 것입니다.

제가 일하는 곳이 좀 더 정상이었으면 하는 바람으로 윤석열 총장 감찰을 시작했습니다. 대의라든가 정의라든가 그러한 거창하고 무거운 사명감 같은 것은 아니었습니다. 원래 그런 추상적이고 장식적인 말을 좋아하지 않습니다. 4년 전 윤 총장에 대한 감찰은 그렇게 평범하고 일상적인 직무수행이었습니다.

그것을 왜곡하고 비틀어 자신의 정치 선언에 이용한 것은 윤석열이었습니다. 당시 대부분의 언론과 시민사회마저도 윤석열 편에서 윤석열 대통령 만들기에 올인했습니다. 그 총장이 대통령이 되어 국민을 향해 총부리를 겨눈 내란 우두머리가 되었고, 마침내 국민에 의하여 파면되었습니다.

이 책은 4년 전 제대로 끝내지 못했던 윤석열에 대한 감찰과 징계를 비로소 마쳤다는 회한의 보고서입니다. 평범했던 한 사람이 조직의 수장인 총장을 감찰하고 징계하는 과정을 담았습니다. 그리고 그가 어떤 일을 했었고, 어떤 생각을 가진 사람이었는지를 들려주는 책입니다. 특별하지도, 감동적이지도 않습니다.

대한민국의 모든 공직자는 자신에게 주어진 자리에서 공적 직무를 수행합니다. 제가 수행했던 감찰도 그러한 평범한 일 중 하나로 사람들이 기억해 주었으면 좋겠습니다. 그것이 거창하고 어려운 일이 아니라 누구나 그 자리에 있었다면 당연히 해야 할 일을 한 것뿐이라고 생각해 주기를 바랍니다. 그래야 앞으로 누구든 또다시 그런 상황이 되면 법률에 따라 자신의 직무를 수행할 것입니다.

지난 일을 써서 책으로 만들자는 제안을 많이 받았는데 선뜻 내키지 않았습니다. 책으로 낼 만큼 대단한 일을 해본 적이 없다고 생각했기 때문입니다. 그러다가 2024년 겨울 한남동에서 밤을 새웠던 20대의 한 시민이 제가 아침 방송에서 "이기고 있다는 모습을 보여 주기 위해 늘 웃고 다녔습니다"라고 말하는 것을 듣고 '저 때문에 늘 이기고 있다는 생각을 할 수 있었다'며 고맙다는 문자를 보내주셨습니다. 아무것도 아닌 제 말과 글이 시민들에게 위로와 희망이 될 수 있다면 어쩌면 보람되겠구나 싶었습니다. 바람이라면 이 작은 책의 쓰임이 그랬으면 좋겠습니다.

20여 년 전 딸이 검사가 되어 좋아하셨는데 그 직에서 해임되고 암투병 중에 당신의 시골집이 압수 수색 당하면서도 끝까지 딸의 편이 되어 주셨던 제 아버지에게도 이 책이 오래도록 위로가 되기를 바랍니다.

2025년 여름

박은정

차례

추천사 4

머리말 / 4년 전 못다 한 윤석열 감찰과 징계, 이제 마칩니다 6

1장 나는 검사가 되었다 15

진실을 영원히 감옥에 가두어 둘 수 있을까 17

나를 키운 것은 8할이 '비전형적' 24

'돌아보면' 인생에는 갈림길이 있다 34

진실을 판단하는 것이 아니라 사실을 다투는 것 40

한 사람, 혹은 한 가족의 인생이 걸려 있는 46

가장 힘들게 하는 것은 사건 자체보다 인간에 대한 배신감 52

재판이 끝날 때까지 피해자는 깨어나지 못했다 57

쓸쓸히 죽어간 그녀를 생각하다 64

스스로 세운 삶의 올바른 깃발 67

한 번은 용서받았다는 기억 73

잘못을 바루다 80

2장 나를 키워 준 순간들　　　　　　　　　　　　87

어떻게 살아야 하는지에 대한 삶의 나침판　　　　89
'따라 구릉' 이름이 주는 정겨움　　　　　　　　　98
법과 규정에 따라 할 수 있는 것을 하세요　　　　104
치욕과 분노, 그런데도 이기기 위한 인내…　　　112
삶과 가족을 지키기 위해 고군분투하는 인간 군상들　119
서툴고 어색한, 가보지 않은 길　　　　　　　　130

3장 무도한 권력에 맞서　　　　　　　　　　　　135

윤석열 검찰총장에게 맞섰던 상징적 인물　　　　137
이른바 '패소할 결심'　　　　　　　　　　　　　147
우리가 믿는 잔잔한 정의를 세웠던 24년　　　　　151
비열한 싸움도 겪었기에 누구보다 그를 잘 알고 있었다　158
공익(Public) 개념 없는 정치 검사　　　　　　　166
'그 검사 박은정 맞나'　　　　　　　　　　　　178
10개월 만에 돌려보낸 '파면 축하 난'　　　　　　183
우리 사회에 던진 메시지는 깊었고 옳았다　　　186

윤석열에게서 배운 막무가내 행동들	192
김건희에 의한, 김건희를 위한, 김건희의 검찰	197
오직 특검만이 법치주의를 실현하는 길	202
명태균 게이트는 국정농단의 본보기	210

4장 내란 그리고 파면   215

국민의 의지가 모여 대한민국을 도운 것	217
어설픈 정치 검사가 대통령 자리에 올랐을 때	226
군사반란 세력은 반드시 법의 심판을 받을 것	233
내란을 내란이라 부르지 못하는 정당	239
진실의 빛은 어둠을 이겨낸다	243
표류하는 대한민국의 민주주의를 지키기 위해	248
윤석열 징계를 마칩니다	258

5장 검찰 개혁은 시대의 소명   263

| 독재로 가는 길을 막기 위해 | 265 |
| 용산의 위성정당으로 전락한 검찰에 철퇴를! | 269 |

떠날 수밖에 없었던, 그리고 홀로 있었던 은정	275
우리는 어떤 검찰을 원하는가?	282
검찰개혁의 시계를 다시는 되돌리지 못하도록	288
사법의 정의와 형평, 사법의 정치화	294

6장 정의가 강물처럼   301

옳음이 언젠가는 승리한다는 믿음으로	303
평화와 인권이 강물처럼 빛나는 나라를	310
촛불과 응원봉으로 밝힌 진실의 빛	316
책을 마치며 / 그 마음들은 내 삶에서 더 바랄 게 없는 선물	325

1장
나는 검사가 되었다

인권 변호사의 책 한 권

진실을 영원히 감옥에 가두어 둘 수 있을까

1992년 봄, 한 권의 책을 만났다. 조영래趙英來 변호사의 유고집 《진실을 영원히 감옥에 가두어 둘 수는 없습니다》, 짧지만 강렬한 삶을 살았던 인권 변호사의 글은 그 시절 젊은 법학도의 마음을 사로잡기에 충분했다.

나는 90학번으로 이화여대 법대에 입학했다. 그 시절 대학가는 오랜 군부독재 정권을 지나, 자유로운 분위기가 싹트고 정치·사회 전반에 걸쳐 민주화에 대한 기대와 열망이 자라나던 시기였다. 서태지와 아이들의 '난 알아요'가 선풍적 인기를 끌고, 힙합바지가 땅을 쓸 듯 거리를 휩쓸었다.

오렌지족 혹은 X세대로 불리는 세대가 한국 사회에 처음 등장하는 한편, 1991년 민주화 운동 과정에서 강경대 열사가 사망

조영래 변호사 《진실을 영원히 감옥에 가두어 둘 수는 없습니다》

했다. 그리고 이어지는 학생, 노동자들의 분신으로 엄중한 시국을 겪고 있었다. 돌이켜보면, 70~80년대의 산업화 세대들이 이룩한 풍요로움 속에서 소외되었던 인권과 해결되지 못한 민주화의 문제들이 뒤엉켜 표출되던 시기였다.

대구에서 서울로 유학 온 나는 대학의 자유로운 분위기를 만끽하며 새롭게 접하는 많은 것들을 열심히 배우는 학생이었다. 이화여대 법대에는 진보적 교수님들이 많았고, 나는 신인령辛仁羚 교수님의 노동법과 박은정朴恩正 교수님의 법철학 강의를 좋아했다. 그분들에게 틀림없이 많은 영향을 받았기에, 나는 법학도가 응당 그러해야 하듯 사회에 대한 관심을 놓지 않았다. 법 적용 사례 등을 배울 때 내가 알아야 하는 것이기도 했지만, 법이 사회와 인간의 삶에서 동떨어져 존재할 수 없다는 교수님들의 가르침이 있었기 때문이다. 그때 나는 《진실을 영원히 감옥에 가두어 둘 수는 없습니다》를 만났다. 이제 막 스무 살이 된 봄날이었다.

그날 내가 마주했던 바로 이 책이 어쩌면 지금껏 내 삶을 이끌고 있는지 모르겠다. 누군가 내게 왜 법률가가 되었냐고 물을 때면, 언제라도 주저 없이 이 책을 말한다. 나는 조영래 변호사를 직접 만난 적이 없다. 내가 그를 처음 알게 된 것도 젊은 나이에 안타깝게 돌아가신 후 발간된 이 유고집 때문이다.

책에는 대한민국 인권 역사에 한 획을 그었던 '부천서 성고문 사건의 가해자 재정신청' 사건과 이를 타협 없이 진행했던 조영래 변호사의 이야기가 담겨 있다. 1986년 위장 취업으로 체포된 노동운동가 권인숙 씨가 조사 과정에서 부천경찰서 경찰관에게 성고문을 당하고 가해자를 고소한 사건이다. 여성으로서 모욕적 수치심을 이겨내고 부당함에 맞서 용기를 내었던 권인숙 씨도 대단했지만, 어려운 재판에서 진실을 밝혀낸 조영래 변호사의 의지에 완전히 매료되었다.

그들이 처했던 환경과 절박했던 삶을 살핀 검사 시보

권인숙 씨의 고소에 검찰과 관계기관 대책 회의는 담당 경찰관 문귀동을 파면하고 관련 경찰 간부들을 경질하며 기소유예 처분을 결정했다. 솜방망이 조치였다. 그리고 당국은 기자회견장에서 〈공안당국의 분석 자료〉를 배포했다. 유인물에는 "권 양의 성모욕 주장은 급진 좌경 세력이 상습적으로 하는 의식화 투쟁의 일환으로, 혁명을 위해서라면 성까지도 도구화하며 수사 과정에서 성모욕이란 허위 주장으로 공권력을 무력화시키려는 술책이다"라는 악의적 모함과 색깔론이 적혀 있었고, 공안당국은 사건을 축소 은폐하려 했다.

이 적반하장격의 발표에 여론이 들끓었다. 그리고 변호인단이 인천지검에 사건의 가해자들을 고소했지만 인천지검은 불기소하였고 고검에서 피해자의 항고도 기각되었다. 이렇게 검찰이 모두 불기소했지만 변호인단은 법원에 재정신청을 했고, 결국 1년 반 만에 대법원에서 이를 수용하였다. 변호인단의 굴복하지 않는 노력의 결과였다.

그동안 1987년 6월 항쟁으로 달라진 사회 분위기에 힘을 얻기도 했지만, 많은 언론이 검찰의 목소리를 대변하며 권인숙 씨의 고소를 색깔론으로 폄훼하는 상황에서 조영래 변호사를 비롯한 변호인단의 끈질긴 의지 없이는 불가능한 일이었다. 그리고 재정신청 사건이었기 때문에 고소인의 법률 대리인인 조영래 변호사가 가해자에 대한 처벌을 주장하는 검사의 역할을 직접 맡았다. 조영래 변호사는 이 형사 재판에서 부천서 경찰관의 성폭력을 집요하게 밝혀냈고, 결국 피고인 문귀동은 징역 5년 및 자격정지 3년을 선고받았다.

책 속의 조영래 변호사가 재정신청 사건에서 검사로 활약하며 현실적 제약에 굴복하지 않고 진실을 밝혀내는 모습이 내 마음 깊은 곳에 자리 잡았다. 그의 최후 변론에 쓰인 문구가 바로 "진실을 영원히 감옥에 가두어 둘 수는 없습니다"였다. 지금 생각해 보면, 그때 이 책을 통해 막연하게나마 검사에 대한 이미지를 가지게 되었던 것 같다.

책의 마지막 단락에 수록된 조영래 변호사의 80년대 검사 시보 시절 일기가 눈길을 끌었다. 권력의 비위를 추상같이 단죄했던 변호사가 젊은 날 검사 시보였을 때는 전혀 다른 모습이었다. 민생 사건을 보는 눈이 달랐던 것이다. 그의 눈에 구속된 피의자에 대한 연민이 절절히 녹아 있었다. 조영래 검사 시보는 그들의 어려운 삶을 이해하고 안타까운 사람들을 석방하고자 노력했다.

사실, 검찰청의 말단인 검사 시보가 구속된 피의자를 석방하는 것은 굉장히 어려운 일이다. 검사장 재가까지 받아야 하기 때문이다. 어쩌면 그는 일 처리를 어렵게 만드는 '꼴통'이었을지도 모른다. 공소장을 써서 기소하면 될 것을 석방이다, 뭐다, 사서 고생하니 말이다. 하지만 조영래 검사 시보는 사건 속의 사람을 보려 노력했다. 피의자가 그러한 범죄에 이르기까지 처했던 환경과 절박했던 삶을 살피며, 범죄와 범죄를 저지른 인간을 함께 보고, 법의 형평을 숙고했다. 먼 훗날 책에서 그를 만난 젊은 법학도의 눈에도 법률가로 성장해 가는 그의 성찰을 느낄 수 있었다.

마음속에 쓴 일기 1

나는 외할머니 품에서 자랐다.

외할머니는 깔끔한 성격이셨다.

매사가 정확하셨다.

그러나,

손녀에게는 한없이 따뜻하셨다.

내 삶의 온기의 절반은 외할머니에게서 온 것인지 모른다.

내가 했던 말에 대한 대답은 언제나

"오 야"였다.

외할머니에 대한 기억으로 나는 사랑을 배웠다.

* 오야는 대구 사투리로 "응, 그래"의 뜻이다.

오래전 외할머니 모습. 차렷하고 어색하게 찍은 사진
나는 외할머니를 닮았다.

주류가 아닌 민생

나를 키운 것은
8할이 '비전형적'

나는 어릴 때 외할머니 손에 자랐다. 부모님이 맞벌이를 하셨고 바쁘셨다. 어린 10대에 결혼한 외할머니는 22살에 혼자되어 평생 무남독녀인 어머니를 혼자 키우셨다. 외할머니는 개가하지 않은 이유를 당신의 아버지 이름을 더럽히지 않기 위해서라고 말씀하시곤 했다. 그만큼 고지식하고 자신에게 엄격한 분이셨다.

어릴 때부터 어딜 가나 외할머니가 함께 했다. 몸집이 작고 잔병치레가 많은 나를 늘 걱정하셨고 불면 날아갈까 쥐면 바스라질까 하며 귀하게 키우셨다. 서울로 유학 올 때도 외할머니와 함께 이화여대 앞에서 방을 얻어 살았고, 검사가 되어 지방에 근무할 때도 관사에 외할머니랑 둘이 살았다.

다섯 살의 나

내게 외할머니는 엄마였고 단짝 친구였으며 애인이었다. 작은 체구, 단정한 말투에 노래를 좋아하셨던 외할머니는 나랑 참 잘 맞았다. 우리는 이화여대 교정을 함께 산책하고 학교 앞 집회도 참석했다. 내가 고시 공부할 때는 새벽밥을 지어주셨고 사법시험 보는 날 도시락도 외할머니가 싸 주셨다. 검사가 되어 원주지청에 근무할 때는 여름날 퇴근하고 관사 아파트 근처 나무그늘이 좋았던 새로 차린 냉면집에 가서 평양냉면을 먹곤 했다.

외할머니는 내가 공부 잘하는 것보다는 당신과 함께 시간 보내는 것을 더 좋아하셨다. 검사가 되어 시간이 없고 집에 와서도 외할머니랑 얘기하기보다는 잠자기 바쁜 모습을 서운해 하셨다. 퇴근이 늦어 늘 기다리셨고 주말에 함께 장을 보러 가자고

하시는 외할머니를 뿌리치고 일하러 간 적도 있다.

그 어린 나이에 딸 하나만 가진 여성이 우리 사회에서 얼마나 사회적 지위가 취약했을지 외할머니의 외롭고 고단한 삶을 생각하면 늘 마음이 아프다. 내가 결혼을 하고 얼마 지나지 않아 외할머니는 돌아가셨다. 그 외할머니 이름은 '김분이'… 이름도 고운 이름 지금도 너무 그립다.

이마에 남은 흉터가 준 의미

초등학교도 들어가기 전이었던 것 같다. 골목길에서 아이들과 술래잡기 놀이를 하다가 누군가 뒤에서 밀어 돌부리에 이마가 찍혔다. 온 가족이 다 나와 얼굴에 피가 철철 흐르는 나를 업고 병원에 가서 찢어진 이마를 바늘로 꿰맸다. 입으로 들어가던 비릿한 피 냄새가 지금도 기억난다. 나를 밀었던 그 남자아이가 내가 병원에 가는 걸 보고 어쩔 줄 몰라 하던 모습도 생각난다.

외할머니가 "여자아이 이마에 흉터가 생겨 어쩔고!" 하셨다. 그 후 대학을 졸업하고 읽었던 《토지》에 봉순이가 이마에 흉터가 지는 장면에서 똑같이 여자애 이마에 흉이 지면 팔자가 세다고 하는 대사가 나온다. 지금도 내 이마에 희미하게 그 흉터가 남아 있다. 자세히 들여다보면 참 밉게 보인다. 살면서 문득문득 생각한다. 그날 이마를 다치지 않았다면 내 삶이 좀 더 평안하지 않았을까.

방송에 나오는 검사들처럼 그렇게 살 수도 있었을 텐데 어떻게 흘러흘러 정치까지 하게 되었을까… 그런 생각을 해본다.

충분히 행복하고 다시 시작할 수 있기를

이화여대 뒤편에 안산이 있다. 학교를 졸업하고 고시공부를 본격적으로 하던 시절에 혼자 그 산에 자주 올랐다. 야트막한 산이었지만 바위산이었고 혼자 올라가기에는 힘이 꽤 들었는데 정상에 올라가면 탁 트인 풍경이 참 좋았다.

오후에 저녁 먹기 전에 혼자 교정의 운동장을 한참 뛰기도 했다. 외할머니가 싸주신 저녁 도시락을 먹고 고시반 창으로 비치는 노을을 바라보며 마시던 자판기 커피 맛도 참 좋았다. 고시공부가 힘들다고 다들 생각하겠지만 지금 돌아보면 공부할 때가 가장 행복했던 것 같기도 하다. 매일매일 설정해 놓은 목표가 있었고 똑같은 길을 가던 친구들이 있었으며 막막했지만 무엇보다 미래가 내 것이라는 희망에 부풀어 있었다.

그 시절의 나는 푸르른 나무였고, 고요했지만 폭풍 같았다. 사실 사법시험이 안 될 수도 있었는데 안 되면 어떻게 하나 그런 대책도 없었다. 다행히 시험에 합격해 법조인이 되어 주변을 실망시키지 않았다. 그런데 이런저런 우여곡절을 겪고 지금에 다다라 보니 사법시험 합격만이 인생의 성공은 아니었다는 생각이 든다. 내가 합격하지 않았더라도 그 시절 오롯이 내게 집중했던 그 시간은 내 인생이고 그 힘으로 무엇이든 잘 해냈을 것이라 생각한다.

그래서 지금 20대에게 말해주고 싶다. 꿈을 꿀 수 있는 시절을 살고 있으니 충분히 행복하라고. 실패하고 넘어져도 마음만 다치지 않으면 다시 시작할 수 있다고.

민생을 챙기는 일이 좋았다

중고등학교 시절의 나는 조용하고 얌전한 여학생이었다. 보수적인 대구에서 부모님 말씀 잘 듣고 선생님들도 좋아하는 모범학생이었다. 주변에서도 그렇고 지방 명문인 경북대 사범대를 나와 선생님이 되는 것이 그 시절 공부 잘하는 여학생들이 거치는 진로였다. 나와 친했던 친구들은 대부분 그렇게 대학에 진학하고 지금 중고등학교 선생님이 되어 살아간다. 결혼도 잘하고 아이들도 잘 키우고 스스로도 만족하며 사는 것 같다.

내가 얌전하고 모범적인 학생이었지만 그다지 전형적인 사람은 아니었다. 살면서 어떤 선택을 할 때 나는 늘 전형적이지 않은 선택들을 해왔다. 그것이 타고난 기질이었는지 무엇이었는지는 모르겠다. 그때 대학 진학을 결정할 때 담임선생님도 진학반 선생님도 나에게 경북대 사범대 영어교육과를 추천했고 집에서도 그렇게 가려니 생각하였다.

그런데 나는 그것보다는 다른 길을 가고 싶었다. 무슨 엄청

1994년 졸업사진. 이화여대 법학관에서
외할머니와 찍은 사진이 많지 않아 자꾸 꺼내본다

난 결의가 있었던 것도 아니고 꼭 법조인이 되겠다는 것도 아니었다. 그냥 새로운 길을 한번 가보면 어떨까? 내가 나를 한번 시험해보고 싶다는 생각이 들었다. 그 무렵 임수경 방북 사건으로 시국이 혼란스러운 때였기에 여자 고등학교를 다닌 내 친구들은 더더욱 집에서 서울 유학은 안 보내는 분위기였다. 그래서 우리 고교에서 서울로 진학하는 학생은 5명도 채 안 되었다. 그리고 나는 몸도 약했기에 서울에 있는 대학에 보내는 것이 쉬운 결정은 아니었음에도 부모님은 어쩐 일인지 흔쾌히 보내주셨다. 부모님은 언제나 내가 하는 결정에 반대한 적이 없었던 것 같다.

사법연수원을 수료하고 진로를 결정할 때도 전형적이 아니였던 것은 마찬가지였다. 지도교수였던 부장판사 출신의 교수님은 판사 지원을 하라고 권하셨다. 검사는 전혀 어울리지 않고 잘할 것 같지도 않다 하시면서 〈검사 추천서〉는 써 줄 수 없다고도 하셨다. 나아가 그 분은 내 사법시험 성적이 높다고 늘 칭찬하셨고 우아한 판사의 길이 평온하고 보람될 것이라 하시기도 했다. 우스갯소리로 "좋은 집안에 맞선 자리도 알아봐 주겠다"고 하시면서 검사는 안 된다고 하셨다.

나는 검사가 되어 뭘 하겠다는 생각도 없었는데 그냥 검사를 하겠다고 우겼다. 사법연수생 600명 중에 검사를 지원한 여자 연수생은 8명이었으니 그것도 전형적인 결정은 아니었다. 검사가 되어서도 그랬던 것 같다. 동기들은 공안이나 특수 분야 자리로 가기 위해 많이들 노력했다. 그것이 주류였고, 출세하는 길이었기 때문에 다들 그렇게 했다. 그런데 나는 한번도 그런 주류의 자리를 꿈꿔본 적은 없었다. 지원해도 보내주지 않았겠지만 나 스스로 내부에서 줄서기를 했던 적은 없었다.

그냥 나는 형사부에서 민생을 챙기는 일이 좋았다. 소소하지만 중요한 사건들, 벌금 30만 원을 깎아달라고 찾아오는 민원인, 막다른 골목에 있는 범죄 피해자들, 범죄에 스스로 노출되어 삶이 고단한 사람들을 통해 인생의 여러 단면들을 만났다. 그렇다고 내가 일을 못했던 것은 아니다. 나는 대검에서 소수의 검사들만 인증해주는 '전문 검사 타이틀'도 받았고, 수사 매뉴

얼도 만들었는데 내가 만든 매뉴얼로 지금도 검사들이 수사를 하고 있다.

마음속에 쓴 일기 2

어렸을 때 기억은 많지도, 정확하지도 않다.
흐릿한 기억 속에 나는 성장하고 자라고
이제는 나이 들기 시작한다.
지나간 시간 중에 사람의 소중함을 많이 느낀다.
빛바랜 기억 속에 나를 기억하면
참 인생은 만만한 게 아니다.

중학교 때

내 인생의 갈림길

'돌아보면' 인생에는 갈림길이 있다

어디로 가야 할지 선택해야 하는 순간에는 그 종착지를 알지 못하는 갈림길이 있다. 알든 모르든 내 인생에도 분명 크고 작은 갈림길들이 있었다. 1992년 어느 봄날, 내가 〈진실을 영원히 감옥에 가두어 둘 수는 없습니다〉를 만났던 순간도 아마 그 많은 갈림길들 중 하나였을 것이다.

    인간에 대한 애정과 연민을 가졌던 검사 시보 조영래와 부천서 성고문 가해자 재정신청 사건으로 유죄 판결을 이끈 특별 검사 조영래가 어떻게든 내 안에 각인되어, 내가 인생의 갈림길 앞에 섰을 때 검사가 될 결심을 매듭지어 주었다. 하지만 나는 오롯이 이 책 때문에 검사가 되었다고 말하고 싶진 않다.

    내가 공직을 선택하게 된 것은 여러 우연의 결합이었다. 대구에서 자영업을 하셨던 아버지는 내가 판검사가 되길 원하셨다. 보수적 집안에서 공부 잘하는 딸에게 기대하는 아버지의 평범한 바람이었을 것이다. 그리고 그것은 데모 많은 시국에 딸을 서울로 유학 보내는 아버지와 나의 약속이기도 했다. 아버지의 지원에 보답해야 한다는 생각을 늘 가지고 있었던 나에게 법조인이 되기 위한 시험은 당연한 코스였다.

더욱이 그때 나는 이화여대의 자유로운 분위기와 여성으로서 독립되고 당당한 독신의 삶을 꾸려가시는 교수님들의 삶에서도 많은 영향을 받았기에, 일하는 여성으로서 그리고 전문가

1990년 여름, 경북 영양에서 농활하던 모습

로서 자신의 영역에서 차별받지 않고 존중받으며 목소리를 낼 수 있는 독립된 삶에 대해 영감을 얻었다. 나는 내 삶을 그렇게 꾸려가고 싶었다. 판검사나 변호사라는 직업은 내 꿈을 현실적으로 가능하게 할 것으로 생각했다. 그리고 자연스럽게 사법고시를 준비하는 고시반이 내 삶의 중심이 되었다.

대학에서 법과 사회를 배우고 고시반에서 함께 공부했던 친구들과 좋은 영향을 주고받았던 많은 순간들이 행복으로 채워졌다. 그 덕택에 1994년 대학을 졸업하고, 빠른 시간 내에 사법시험 합격이라는 성과를 낼 수 있었다. 무엇보다 1997년 그 해, 고시를 준비했던 친구들과 모두 함께 합격했던 것이 큰 기쁨이었다.

시스템을 경험한다면 사회와 법을 이해할 수 있을 것

조영래 변호사의 책에서 영감을 얻었던 나는 사실, 변호사가 목표였다. 그래서 변호사를 하기 전에 판검사 업무를 조금이라도 해보면 어떨까 생각했다. 판검사 일을 하며 법조 실무를 익히고 또 공무원 생활을 하며 국가의 시스템을 경험한다면 사회와 법에 대해 전체적으로 이해할 수 있고, 앞으로 내가 변호사 업무를 하는 데도 도움이 될 것으로 생각했다. 어차피 변호사를 할 계획이었기 때문에 판사보다는 서울의 집에서 가까운 곳으로 발령 받을 수 있는 검사를 선택했다.

내가 첫 직장을 시작할 때는 "불의를 깨는, 어둠을 밝히는"

어쩌고 하는 검사 선서문도 없었지만 나는 그처럼 거창하고 무거운 사명감 같은 것으로 첫 직장을 선택한 것은 아니었다. 그냥 내 삶에 찾아온 이런저런 우연이었다고 하고 싶다. 그리고 개인적으로 검사직을 그러한 사명감으로 선택하는 것을 경계한다. 그런 말들은 자칫 자신을 과장하고 싶은 유혹에 빠뜨린다. 검사는 그냥 평범한 행정직 공무원이다.

2000년 2월 20일, 김대중 대통령으로부터 검사 임명장을 받았다. 수원지검 부임 첫날 사당역에서 광역버스를 타고 출근했던 그날이 아직도 선하다. 형사3부 말석으로 배치되어 수사관 1명, 실무관 1명과 함께 일하게 되었다. 차장, 기관장에게 신고하기 위해 엘리베이터가 없던 청사 계단을 오르내리며 새로 신고 간 구두가 발에 맞지 않아 뒤꿈치에 생채기가 났던 기억도 난다. 조직생활을 경험하는 첫 장면이었고, 위계질서가 강하고 권위적이며 보수적인 검찰의 조직문화가 내게 맞지는 않는구나 잠시 후회하기도 했다. 잘못 선택한 것 같다고.

그렇지만 생각했던 것보다 검사 업무는 꽤 매력적이었고 적성에 맞았다. 범죄라는 잘못된 것을 바로잡는다는 보람도 있었으며, 연수원 시절 배웠던 것보다 권한이 커서 어려운 상황에 빠진 피해자를 돕는 데에서 일하는 맛이 났다. 원래는 첫 임기 2년을 마치고 그만두려 생각했었는데 일을 조금 더 해보고 싶다는 생각이 들었다. 일에 욕심이 생긴 것이다.

마음속에 쓴 일기 3

지나간 시절로 돌아갈 수 없다는 걸 안다.

시간은 결코 역방향을 허용하지 않는다.

거스를 수 없다.

추억이란 자신에게 유리한 방향으로 기록된 것이다.

나만의 기억 속에서 나를 돌이켜 본다.

좀 더 선한 마음으로 사람을 대하고,

친절함을 더 배울 수 있었다면 어땠을까?

그 시절이 그립다.

고교 시절 교정에서

진실과 사실

진실을 판단하는 것이 아니라 사실을 다투는 것

검사 업무를 시작하고 그 일에서 내가 느낀 효능감과 보람은 나를 성실한 직업인으로 성장시켰다. 술술 잘 써지는 공소장처럼 담담하고 군더더기 없이 말이다.

오랜 시간, 나를 그렇게 성실한 직업인으로 이끌었던 것은 '당연한' 직업윤리였다. 검사의 직무는 진실을 판단하는 것이 아니라 사실을 다투는 것이다. "내가 이 사건의 진실을 밝히겠어"라고 마음먹는 순간 감정이 실리고 자기 판단이 앞서게 된다. 그런 마음은 사실을 밝히는 것에 방해가 될 뿐이다. 우리가 말하는 진실 중에는 가짜가 섞여 있기 때문이다. 진실에는 가치 판단이 들어가기 마련이고, 그렇다면 그 판단은 검사의 몫이 아니다.

사건의 법률적 최종 판단은 법정에서 판사들이 내리는 것이며, 그 판결의 의미와 역사적 진실은 국민의 몫이다. 진실이라 말할 수 있는 것들은 오랫동안 우리가 모두 깊이 성찰한 결과들이라 생각하기 때문이다. 검사의 역할은 그 진실에 도달하기 위해 사실을 밝혀내고 적합한 법 적용을 하는 것이다. 그래서 나는 검사가 자기 일에 대해 진실을 추구한다는 과도한 의미를 부여하거나, 정의로움이라는 미사여구를 붙여 말하는 것을 좋아하지 않는다. 검사가 그런 말을 하는 순간 "우리는 가짜야" 하고 실토하는 것처럼 느껴질 뿐이다.

이러한 현란한 수식어를 정치적으로 가장 잘 활용한 구체적이고 가까운 예가 윤석열 검사다. 그는 "살아 있는 권력을 수사한다"라는 미사여구를 동원해 자기 수사를 과장했고, "나는 사람에게 충성하지 않는다"라며 자기를 정의로운 검사 이미지로 덧칠했다. 그리고 나라를 구하는 영웅적 검찰총장으로 등극했다. 그런 윤석열 검찰의 행태가 괴물 정권을 창출해 온 나라가 피해를 보고 있는 것 아닌가.

요란한 의미 걷어내고, 사실만을 집요하게 다투어야

공소장에는 '모두冒頭 사실'이라는 것이 있다. 이는 피의자가 범행에 이르기까지의 배경을 설명한 것이다. 필요하지만, 이 부분이 길어지면 안 된다. 자칫 범죄 사실에 잘못된 선입견을 줄 수 있기 때문이다. 과거 공안 검사의 공소장에는 이 '모두 사실'이 길게 기술

검사 시절 브리핑하는 모습

되곤 했다. 피의자가 어떻게 이런 불순한 이념과 사상에 빠져 국가보안법을 위반하게 되었는지를 구구절절 설명하면서 "무슨 불온서적을 읽었고, 누구를 만나 어떤 영향을 받았고, 결국 법을 위반하게 되었다"는 일대기적 맥락의 장황설을 늘어놓고 있다. 구성요건적 범죄 사실과 연관성 없는 불필요한 것들이 많았다.

나는 이러한 공소장이 본연의 역할을 제대로 하지 못한다고 생각한다. 그런데 윤석열 검찰총장이 들어서면서부터 특수부 사건이든 일반 형사부 사건이든 '모두 사실'을 길게 기술하기 시작했다는 소식을 듣고 씁쓸한 생각이 들었다.

실례로 2024년 뉴스타파 기자들에 대한 윤석열 명예훼손 사건의 재판부는 공소장에 범죄 사실과 무관한 내용이 너무 많다며 몇 차례나 수정을 요구한 일이 있었다. 무엇이 허위사실인지만 밝히면 되는 공소장에 왜 야당 대표의 이름이 수십 번 등장하는지 이해되지 않는다고 지적했다. 왜 이런 일들이 벌어질까? 윤석열 검찰이 쓰는 공소장은 공소장이 아니라 정치 행위이기 때문이다. 재판을 목적으로 하는 공소장이라면 그렇게 장황한 기술이 도움될 일이 없다. 그 사건의 검사는 언론 플레이를 목적으로 하는 공소장을 썼다고 생각하지 않을 수 없다.

사람들은 옳고 그름을 다투는 것에 관심이 많다. 그리고 내가 옳고 상대방이 틀렸다는 것을 가장 빠르고 쉽게 판가름 낼 수 있는 이들이 검찰이다 보니, 종종 정치 검찰이 이를 이용한다. '나, 검찰에서 무혐의 받았어', '검사가 구속 기소했어' 이런 기사가 나면 게임이 끝나는 것이다. 물론 법원의 판단을 받아야 하지만 모두가 알듯 재판의 판결은 시간이 걸린다. 판결이 나왔을 땐, 이미 그 사건은 우리의 관심사에서 멀어져 있다. 과거 정치권력에 악용되었던 정보기관들이 민주화 과정에서 분립되어 견제와 감시가 가능해졌음에도 검찰 조직은 여전히 정치적으로 악용되기 쉬운 구조 속에 남아 있다. 그래서 반드시 검찰 개혁을 해야 하는 것이다.

검사의 직무에 덕지덕지 붙은 요란한 의미를 걷어내고, 사실만을 집요하게 다투는 군더더기 없는 공소장처럼, 검찰이 제자리를 찾아야 한다.

마음속에 쓴 일기 4

인간이 본래 선했다거나,

혹은 본래 악했다거나,

혹은 아무것도 없는 상태로 태어난다는 이야기를 믿지 않는다.

저마다 모두 다른 것처럼

저마다 다른 삶을 살아갈 뿐이다.

다만 사람은

그 자신의 고정된 형태에서 벗어나려고

노력할 수 있다는 점에서 조금 신선하다.

대학 시절 캠퍼스에서

공소장의 무게

한 사람,
혹은 한 가족의 인생이 걸려 있는

공소장에는 건조한 사실들이 쭉 나열되고, 또 그 사실들을 집요하게 다투어 마침내 밝혀낸 사실이 적시된다. 감정과 자기 판단의 군더더기를 철저히 배제해야 하는 공소장 기술記述의 업무를 배우는 것이 나는 재미있었다. 당연히, 업무를 배우며 선배에게 야단도 많이 들었다. 사실을 쓰더라도 사실을 구성하는 방법을 알아야 했기 때문이다.

초임들의 흔한 실수가 공소장에 범죄와 관련성 없는 사실을 장황하게 나열하는 것이다. 그러다 보면 피해자에 감정 이입이 되고 자기 판단이 들어가며 군더더기가 늘어난다. 좋은 공소장은 구성요건적 범죄 사실에 적합한 '팩트'만을 써야 하는 것이다. 즉 판사가 유죄를 선고하기에 필요한 사실만을 쓰는 것이다.

공소장을 쓸 때, 잘 써지는 공소장이 있고 잘 안 써지는 공소장이 있다. 만약 공소장이 줄줄 잘 써진다면 그 수사는 잘된 것이다. 분명 법정에서 유죄가 판결될 것이다. 그래서 나는 공소장이 좋았다. 검사는 자기가 공소장에 적시한 사실에 대해 책임을 져야 하므로 개인 감정을 덜어내고 사실을 하나하나 밝혀내 바로잡아야 하는 것이다. 검사의 직무는 사실에 대한 추적이었고 내 적성에 딱 맞았다. 선배가 빨간 줄로 그어 삭제한 공소장을 숱하게 돌려받으며 나는 성장해 갔다.

2000년 2월 20일, 임명된 첫 날, 180건의 불구속 사건을 배당받았다. 임용된 첫날부터 업무가 시작된 것이다. 일은 쏟아졌다. 일주일에 이틀, 오후 3시가 되면 사건이 배당되는데, 한 번에 30건에서 많게는 45건 정도가 주어졌고, 사건을 더 조사해야 할지, 벌금을 부과해야 할지, 벌금형이라면 얼마를 구형해야 할지, 아니면 정식 기소를 해야 할지, 기소하려면 공소장을 어떻게 써야 할지 매일 결정을 내려야 했다. 일이 밀리지 않으려면 야근하지 않을 수 없는 업무량이었다.

업무 중에는 다른 생각을 할 수 없었고, 또 온 힘을 다해 집중해야 했다. 왜냐하면 그 사건 하나하나마다 한 사람 혹은 한 가족의 인생이 걸려 있는 일이었기 때문이다. 어떤 개인이 검찰청에서 자신의 사건이 조사되는 경우가 평생 얼마나 있겠는가. 100여 년을 산다 해도 검찰청에 불려가 조사받는 경우가 얼마나 있겠는가. 물론 상습적 범죄자들도 있겠지만 대부분은 일생 경험하지 못할 것이다. 그래서 검사들은 한 사건이라도 허술하게 다룰 수 없다.

법의 형평이라는 엄중한 책임

나는 내 결정의 무게를 느끼며 사건을 다루어야 했다. 그리고 양형과 사건 기준표에 따라 기계적이고 치밀하게 법을 적용하려 노력했다. 법의 형평이라는 엄중한 책임이 따르기 때문이다. 요즘 정치적 사건들에 대해 언론에서 고무줄 수사니, 선택적 수사니 하며 특수부 검사의 행태를 비판하는 이유가 여기에 있다. 초임 검사는 수많은 사건들을 반복적으로 양형하며 스스로 기준을 체득하게 된다. 나도 그렇게 훈련받으며 검사로 길러졌다.

오전에 배당받은 사건들을 다 결정하고 나면, 오후에 또다시 구속 사건이 들어온다. 한 번도 보지 못한 사건인 경우도 많았다. 갑자기 수백, 수천 쪽이 넘는 기록을 검토하는 와중에 구속된 피의자 조사를 시작한다. 그렇게 오후 시간을 보내고 5~6시쯤이 되면, 부장이 배당한 사건이 나를 기다리고 있다. 야근이 또 시작된다.

아침에 눈을 떠서 밤에 눈을 붙일 때까지 다른 생각을 일절 할 수 없었다. 누군가를 만나거나, 어딘가로 바람을 쐬러 가거나, 수다를 떨고 쇼핑을 하는 평범한 일상을 계획할 수 없었다.

하루하루가 높은 장대 꼭대기에서 접시들이 쉬지 않고 돌아가는 긴장된 일상이었다. 모두가 살인적 업무량이라며 혀를 내두를 때 솔직히 나는 이 일이 좋았다. 숨 쉴 여지없이 돌아가는 빡빡한 일정, 수시로 배당되는 사건들과 수사 지휘에 따른 긴장감, 한 사람의 인생이 걸린 사건을 처리하는 무게감….

힘들지만 매력적이었다는 것을 부인하기 어렵다. 산더미처럼 쌓인 사건들이 기계적으로 정확하게 딸깍딸깍 맞추어지고, 하나하나 바루어 가지런해지는 것이 좋았다. 내가 하는 일에서 효능감을 느꼈기 때문이었을까? 아니면, 청소하고 정리하는 것을 좋아하는 성격 때문이었을까? 그 이유가 무엇이었든, 내 안에서 일에 대한 보람이 싹트기 시작했다.

마음속에 쓴 일기 5

글 쓰는 법을 새로 배웠던 것 같다.

옛날에는 생각이 참 많았는데,

그런 걸 많이 잃어버린 것 같다.

쓸데없는 생각을 많이 했던 것 같은데,

쓸데없는 생각이 꼭 쓸데없는 게 아니다.

때로는 덧없음을 느끼고,

인생의 허무감에 엉뚱한 생각을 많이 했다.

그런 시절에는 미래의 전망 같은 건 전혀 없었다.

가끔 너무 지나치게 나를 옥죄지 말고,

여행을 가고, 하늘을 보고, 바람을 맞아보자.

채운 것을 덜어내자.

나를 비우지 못하면 무엇도 채울 수 없는 것 같다.

대학 졸업 후 섬진강 여행 중에

INTJ형 검사

가장 힘들게 하는 것은
사건 자체보다 인간에 대한 배신감

몇 년 전, 재미 삼아 해본 MBTI에서 내가 INTJ라는 결과가 나왔다. INTJ를 설명하는 글에는 "전략가는 이성적이면서도 두뇌 회전이 빠른 성격으로, 자신의 뛰어난 사고 능력을 자랑스러워하며 거짓말과 위선을 꿰뚫어 보는 능력이 있습니다"라고 적혀 있다. 제법 고개를 끄덕이게 하는 설명이다.

 이러한 성향이 내가 오랫동안 일을 하면서 갖추어진 것인지, 타고난 것인지는 모를 일이지만, 기본적으로 나는 감정을 잘 드러내지 않으며 냉정하게 일 처리하는 것을 좋아한다. 감정에 휘둘리는 것이 문제를 해결하는 데에 도움이 되지 않는다고 생각하기 때문이다.

 내가 형사부에 오래 있다 보니, 취약한 삶에서 일어나는 사건들을 많이 다루었다. 그래서 처음에는 피해자나 피의자에게 안타까운 마음이 들어 어떻게든 도울 수 있는 방법을 찾기도 하고 감정적 소모도 많았다. 하지만 점점 내가 할 수 있는 일의 한계를 알게 되고, 울고불고 해봐야 다음 날 일하는데 눈만 아플 뿐이라는 것을 익히 체험하면서 감정이 지나치게 개입되면 사건을 제대로 판단하지 못해 그르칠 수 있다고 생각하게 되었다. 해가 더해질수록 자기 감정을 컨트롤하는 노하우가 쌓이고, 사건과 감정적 거리를 둘 수 있도록 노련해졌다.

실제로, 2013년 성폭력 전담 검사들의 워크숍에서 성폭력 전담들의 트라우마 정도를 파악하기 위해 실시한 정신과 심리상담 결과는 이랬다.

"성폭력 전담들의 트라우마는 크고 심각하다. 초임이나 경력이 짧을수록 더욱 심각하고, 연차가 오래될수록 점점 괜찮다."

성폭력 사건 하나하나가 너무나 참담하기 때문에 분명 트라우마가 있었지만 고연차가 될수록 자신의 감정과 마음을 다스릴 수 있게 된다는 것이다.

사건을 바라보는 나의 담담한 태도는 사실 공감하지 않는 것이 아니라 그 일을 제대로 하기 위해 최선을 다한 나름의 선택이다. 여하튼 INTJ인 내가 한 사건을 만나고 내내 울었던 경험을 한 적이 있었다.

도움을 외면했던 사람에 대한 배신감

내게 찾아온 사건은 친족 성폭력 사건이었다. 가해자는 친아버지였다. 아버지는 이혼 후 어린 딸을 맡아 키웠다. 몇 년간 딸이 아버지로부터 성폭력을 당하는데, 함께 거주했던 할머니는 이 사실을 알면서도 모른 체했다.

10대의 소녀를 내 앞에 앉혀 놓고 차마 묻기 어려운 질문을 해야 했다. 하지만 아이는 어른스럽게 조사를 받았다. 그때 아이가 자기를 성폭행했던 아버지에 대해서는 그다지 분노를 보이지 않았지만, 할머니에 대해 이야기할 때는 큰소리로 울면서 용서하지 못하겠다며 분노했다. 나는 아이의 심리를 이해하기 어려웠다. 왜 아이는 가해자보다 주변인에게 더 분노하는 것일까? 나는 재차 물은 후, 아이의 분노를 이해할 수 있었다.

사실 성폭력 피해자들이 가장 힘들어하는 부분이 친족 가해자에 대한 원망이나 분노가 아니다. 나를 도와줄 수 있었는데 도와주지 않았던, 뜯어말릴 수 있었는데 그러지 않았던 다른 가족에 대한 감정이다. 배신감, 아이는 자기를 구해줄 것이라 기대했던 사람에게 버림받았다. 아이가 이제 세상에는 자기를 도와줄 사람이 아무도 없다고 느끼는 절망감은 당연했다.

내가 아이를 이해하는데 어려운 심리학적 고찰이 필요하진 않았다. 누구나 살면서 비슷한 경험을 하기 때문이다. 내가 힘들 때 저 사람만은 내 편이 되어 줄 것이라 믿었던 사람이 끝내 침묵하거나 등을 돌리면 그때 느껴지는 참담함과 실망감은 이루 말할 수 없을 것이다. 아이를 가장 힘들게 한 것은 사건 자체보다 용서할 수 없는 배신감이었다. 아이의 상처는 그렇게 깊었다.

사람이 사람에게 가할 수 있는 상처는 얼마나 깊을 수 있는가

그 후 아이를 쉼터로 보냈는데 잘 적응하지 못했고, 나는 피해자에게 가족의 돌봄이 필요하다 생각했다. 그리고 피해자 지원금 수백만 원을 쉼터에 있는 미성년자에게 직접 주는 것도 부적절해 보였다. 수소문 끝에 아이의 어머니를 찾았고, 아이와 함께 검사실로 불렀다. 아이는 헤어졌던 어머니를 만나 무척 반가워했다. 나는 다행이라 생각하며 그에게 아이가 겪었던 일을 알려주었고, 그는 아버지에게 수년간 성폭행을 당한 아이를 마음 아파했다.

어느 날 쉼터에서 전화가 왔다. 아이의 어머니와 연락되지 않는다는 것이다. 지원금도 아이에게 쓰이지 않았다. 나는 급히 어머니의 주변을 조사했다. 그는 피해자 지원금으로 자기 카드 빚을 상환하고 쉼터의 아이와도 연락을 끊어버린 것이다. 나는 황망한 마음에 아무 말도 할 수 없었다.

이제 이 아이는 어떻게 살아가야 할까. 나는 감히 짐작조차 할 수 없었다. 무력했다. 검사가 할 수 있는 것은 가해자를 처벌하는 것뿐이었다. 몇 년의 성폭력을 되돌릴 수 없고, 아이의 상처는 영원히 회복되지 못할 것만 같았다.

    사람이 사람에게 가할 수 있는 상처가 얼마나 깊을 수 있는지… 아버지와 할머니로부터 상처받은 그 아이가, 어머니로부터 다시 받은 그 깊은 상처로 살아갈 힘을 잃게 되는 것은 아닌지 그 막막함에, 야근을 마치고 집으로 돌아가던 차 안에서 운전을 하며 내내 울었던 기억이 난다.

목격자를 찾습니다

재판이 끝날 때까지
피해자는 깨어나지 못했다

거리를 걷다 보면, 사거리에 붙은 '목격자를 찾습니다' 현수막이 종종 눈에 띈다. 경찰이 교통사고 현장에 걸어놓은 현수막인데 개중에는 간혹 사고일로부터 시간이 훌쩍 지나버린 현수막도 있다. 얼마나 애가 탈까, 나는 잠시 걸음을 멈추게 된다.

교통사고 전담 검사로 일할 때였다. 새벽 4시경 일어난 교통사고 사건이었다. 피해자는 중상을 입고 중환자실에서 몇 달째 치료를 받고 있어 조사조차 못했고, 피의자는 강력하게 부인하고 있었으며, 현장엔 CCTV도 설치되어 있지 않은 상황이었다. 경찰 조사에 따르면, 사건 현장에 있던 목격자가 피의자의 신호 위반을 봤다고 진술했다. 피해가 심각한 신호 위반 사안이었기에 피의자는 구속영장이 신청되었으나 검찰에서 기각되고,

보완 수사 지휘가 내려간 후에는 더 이상 수사가 진전되지 않은 상태로 시간이 흘러 사건은 검찰에 송치되었다.

경찰에서 피의자의 신호 위반을 입증하기 위해 교통사고 분석도 몇 차례나 진행했지만 피의자가 완강히 부인해 거짓말 탐지기 검사를 실시했고 거짓으로 판명되었다. 하지만 피의자 직업이 화물차 운전자인 터라 나는 결정에 신중할 수밖에 없었다. 사건이 기소되면 피의자의 운전면허가 정지되고, 생계 수단을 잃기 때문이다. 경력이 많지 않았던 나는 아직 일이 미숙할 때여서 더욱 망설였던 것 같다.

피의자의 생계를 좌우할 수도 있는 결정을 내리기 위해서는 더 확실한 목격자 증언이 필요했다. 하지만 경찰 조서에 적힌 목격자의 연락처로 계속 전화를 했으나 연결되지 않았다. 피해자는 중환자실에서 의식이 돌아오지 않고, 피의자는 완강히 부인하고, 목격자는 연락되지 않는 답답한 3개월이 흘렀다.

검찰에는 검사에게 송치된 날로부터 3개월 내 사건을 처리해야 한다는 규정이 있다. 미제 사건이 많은 검사는 벌점을 받게 되고, 인사 평가에 반영된다. 사건을 배당받은 지 3개월이 지나자 나는 시간 압박에 초조해졌다. 빨리 사건을 처리해야 한다는 압박감과 혹시나 잘못된 기소로 피의자가 피해를 보게 될지 모른다는 두려움이 양 갈래로 나를 죄었다. 악몽을 꿀 정도였다.

그래서 어느 날 새벽에 사건이 일어난 현장으로 찾아갔다.

현장은 어두운 데다 인적이 없었고 도로를 달리는 차도 드물었다. 그리고 피의자가 급하게 좌회전했다면 직진하는 피해자를 식별하기 어려울 지형이라는 생각이 들었다. 그뿐 아니라 피해자는 새벽 기도를 다녀오는 길이라서 굳이 신호 위반을 하며 서둘러야 할 상황은 아니었다. 반면 피의자는 교통사고 신호위반 전과도 있었다. 내 마음은 사고 원인이 그의 신호위반 때문이라는 생각으로 기울어졌다. 하지만 마지막으로 확인해 줄 목격자와는 여전히 연락되지 않았다. 애가 탔다.

안개가 걷히는 듯한 목격자의 증언

몇 달이나 지났을까, 백방으로 찾고 수소문한 끝에 목격자에게서 연락이 왔다. 자기를 찾았었냐는 그의 목소리가 너무나 반가웠다. 그는 다른 나라로 이민을 떠나기 며칠 전이었다. 사고 난 날의 상황을 물었는데, 예상 밖으로 아주 상세하게 기억하고 있었다. 사고 직후 피의자가 현장에 나온 경찰에게 자기가 신호위반을 했다고 진술하는 것을 직접 들었다고 말했다. 목격자도 있고, 가해자도 불법 좌회전을 인정했기 때문에 경찰은 별문제 없이 이 사건을 처리하고 구속영장을 신청했다. 그러나 이후에 상황이 달라졌다.

병원으로 이송된 피해자는 의식을 잃었고, 목격자는 연락이 두절되고, 피의자는 진술을 완강히 부인해 사건이 교착 상태

대구지검 형사부 근무 시절

에 빠진 것이다. 하지만 다행히 목격자는 그날의 상황을 소상히 알려주었고, 그의 진술은 객관적 사실관계에 부합했고 신빙성이 있었다. 그는 오히려 이 명징한 사건이 아직도 처리되지 않은 것에 의아해했다. 드디어 나는 확신을 가지고 사건을 기소할 수 있었다. 하지만 안타깝게도 재판이 끝날 때까지 피해자는 깨어나지 못했다.

형사부 검사라면 누구나 쌓여가는 미제 사건들에 압박감을 느끼는 경험을 했을 것이다. 나도 거리에서 종종 마주치는 목격자 현수막을 보면 애가 탔던 그때가 떠오른다. 그 후론 미제 사건이 쌓이지 않게 하려 늘 기계처럼 일했던 것 같다. 야근은 일상이 되고, 주중에 다 처리하지 못한 일은 주말 야근으로 처리를 해놓아야 조금이라도 마음 편하게 잠을 청할 수 있었다.

대부분의 형사부 검사들은 밀려오는 사건들을 그날그날 해결하기 위해 성실해야만 한다. 그러지 않으면, 장기 미제 사건들에 파묻힐 것이 분명하다. 형사부 검사들이 우스갯소리로 하는 말이 있다. "죽어야 끝나지…." 시쳇말로 '웃픈' 현실이다. 그래서 내게 형사부 검사들이 가진 한 가지 장점을 꼽으라 한다면 인내심이라 말할 것이다. 이들에게 일이 많은 것은 무섭지 않다. 늘 해오던 것이니까. 나 역시 마찬가지다. 하지만 내가 정작 두려웠던 것은 주말을 반납하고 검찰청에서 밤을 지새우며 서류 더미에 쌓여 있어야 하는 것이 아니다. 내 이름 앞으로 송치된 사건을 제대로 바루어야 한다는 압박감이었다.

나를 그렇게 애태웠던 목격자가 나타나 사고 상황을 진술해 주었을 때 안개가 걷히는 느낌이었다. 뭔가 아련하게 잡히지 않았던 사실이랄까, 진실이랄까, 아니면 상식이랄까…. 그것을 내가 잡았다는 안전함이었다. 아주 오래된 기억 속의 사건이지만 그때의 기분이 여전히 내 안에 남아 미소 짓게 하는 것은 민생범죄를 다루는 형사부만이 누리는 소소한 성취일 것이다.

마음속에 쓴 일기 6

나는 울 수 없었지만, 웃을 수도 없었다.

감정은 사치스러웠다.

나는 사법의 칼날로 사건을 처리하는 검사였다.

무디더라도 칼날이 스치는 곳에는 상처가 남았다.

상처 앞에서 나는 울 수 없었지만, 웃을 수도 없었다.

내 칼날의 흔적은 24년이라는 세월만큼 남아 있을 것이다.

그 흔적들 앞에서 나는 영원히 자유로울 수 없다.

검사 시절 〈여성신문〉 인터뷰 중에

마지막 숨

쓸쓸히 죽어간 그녀를 생각하다

풀숲에서 여성 사체가 발견되었다. 경찰서 강력계에서 연락이 오고, 형사부 검사가 나가야 했다. 그런데 담당 검사가 출산 예정일이 얼마 남지 않은 만삭이었다. 사실 임신한 검사도 사건 현장에 나가지만 그날따라 보내기가 미안했다. 그래서 내가 직접 현장으로 갔다.

    피해자는 숙박업을 하는 여성이었다. 사체는 코와 입 부위가 청테이프로 단단히 감겨 있었고, 머리에 검은 비닐이 겹겹이 씌워진 채 병원 안치실에 누워 있었다. 경찰관 2명이 피해자 머리에 씌워진 비닐을 차례로 벗기고 코와 입에 있는 청테이프를 떼는 데 한참이 걸렸다. 사체의 코와 입에 돌려 감긴 청테이프를 걷어내고 마지막 부분을 입에서 떼어내는데… 입에서 "파-" 소리가 들리는 것 같았다.

나는 그것이 피해자가 마지막으로 쉰 숨이었을 것이라는 생각이 들었다. 사인은 비구 폐쇄성 질식사였다. 그러니까 코가 막혀 돌아가신 것이다. 범인이 피해자가 살아있는 상태에서 청테이프를 감았을 것이라고 추측되는 사인이었다. 검시 과정에서 성폭력 정황도 발견되었기 때문에 나는 경찰에 성폭력에 대해 수사하도록 지휘했다.

얼마 후 가해자들이 검거되고 구속되어 송치되었다. 피의자들은 피해자가 운영하는 숙박업소에 숙박하고 돈을 갈취했다. 이들은 피해자를 납치해 승합차로 끌고 다니면서 그의 카드로 현금을 인출하고 차 안에서 강간도 저질렀다. 갈취한 금액은 많지 않았다. 돈 몇 백만 원을 갈취하기 위해 사람을 납치하고 강간까지 한 것이다.

유사 사건의 또 다른 피해자가 신고한 덕분에 이들을 검거할 수 있었다. 나에게 협박 편지를 보냈는데, 망상과 원망으로 점철된 편지였다. 자기가 저지른 범죄와 피해자에 대한 죄의식이나 반성은 전혀 없고, 지금 자기가 겪는 고통은 모두 검사와 경찰 때문이라고 강변했다. 자기 행위를 객관적으로 바라보지 못하고 타인에 대한 공감력이 현저히 떨어지는 전형적 사이코패스 유형이었다.

피해자의 억울한 죽음은 검사의 트라우마

그는 어렸을 때 양아버지에게 학대받으며 자랐다. 그러한 성장

환경이 그를 이렇게 망가뜨렸을까? 나는 몇 번이고 그에게 물었다. 돈이 필요했으면 피해자의 카드로 돈을 찾으면 되는 건데 왜 죽였나? 죽인다고 돈이 나오는 것도 아닌데 왜 사람을 죽여야만 했나? 강간했다 하더라도 살아있는 사람을 죽일 필요까진 없지 않나? 묻고 또 묻는 나에게 그는 반성은커녕 어떤 미안함이나 죄책감도 없이 답했다.

"그냥…."

그렇다고 사이코패스 판정을 받은 그가 두려움이 없는 것은 아니었다. 사체의 사진을 피의자에게 확인시키자 자기가 죽인 사체를 보지 못했다. 자기가 죽여 놓고도 겁이나 보지도 못하는 피의자가 괴이했다. 공포라니… 사람을 죽인 것이 두렵긴 두려운가 생각하면서도 그 아이러니에 허탈했다.

사체를 확인하고, 사건 현장을 조사하고, 피의자에게 진술 받으며, 피해자가 겪은 시간을 하나하나 짚어나가다 보면 검사는 트라우마를 겪는다. 피해자의 억울한 죽음이 너무나 가깝게 다가오기 때문이다. 피해자가 죽기 전으로 시간을 되돌릴 수 있다면 얼마나 좋을까…. 나는 한동안 힘들었다. 가끔 잠이 오지 않는 밤이면 피해자의 마지막 숨소리가 들렸다.

"파-"

그리고 내게 다가와 말을 걸었다. 그렇게 죽어서 억울하다고, 살려달라고.

정의와 영웅

스스로 세운 삶의 올바른 깃발

정의正義의 사전적 뜻은 "진리에 맞는 올바른 도리"이다. 하지만 내게 정의라는 단어는 두 사람을 떠올리게 한다. 한 사람은 정의로움을 이미지 메이킹한 정치검사 윤석열이고, 또 다른 한 사람은 막 태어난 한 아이의 아버지, 조직폭력배 A씨다. 너무나 다른 삶을 살았을 것만 같은 두 사람이지만 둘 다 사람에게 충성하지 않는 조직원이었고, 지금도 각자의 정의를 위해 치열하게 살고 있다.

사실 나는 정의라느니, 진실이라느니 하는 관념적 미사여구를 썩 좋아하지 않는다. 그리고 보수 언론지 기사 헤드라인 같은 표현에 의미를 싣는 것도 내 취향이 아니다. 같은 맥락에서 윤석열의 꾸밈 많은 자기 표현들이 마치 소영웅주의에 빠진 광대 같은 인물을 창조했다고 생각한다.

그는 검찰총장이 되어 끝없이 언론에 오르내리며 카메라 앞에 섰고, 국정감사장에서도 국회의원들을 향해 과장된 몸짓으로 책상을 치는 것이 마치 자기를 봐달라고 떼를 쓰는 것 같았다. 대통령이 되어서도, 탄핵심판을 하는 헌법재판소에서도 그의 행태는 반복되었다. 본심이 무엇인지 알 수 없고, 끝없이 정쟁화된 이슈들로 사람들을 둘로 나누었다. 의대 정원 2천 명 정책 발표, 순직한 채 해병을 조사하던 박 대령의 항명죄, 아무도 책임지지 않는 이태원 참사, 김건희의 명품 가방 수수, 양평 고속도로 노선 변경….

줄줄이 이어지는 총체적 비리들 속에서 윤석열은 결국 반국가 세력 척결을 위해 계엄령을 발동하고, 대한민국 국민을 계몽된 자와 계몽되지 않은 자로 갈라치기 했다. 자신을 반대하는 상대 세력을 적으로 규정하며, 둘로 쪼개진 사람들을 극단으로 치닫게 한 것이다. 그는 자신의 비리를 숨기고 정의로운 대통령이 되기 위해 늘 적과 갈등이 필요했다. 곰곰이 생각해보면, 집권 내내 그는 야당과 국회 탓만 하지 않았나. 윤석열의 정의는 맹렬했지만, '적'의 설정에 의해서만 비로소 성립될 수 있었다.

삶을 올바르게 이끌기 위해서는 무엇이 필요한가

지방에서 근무할 때 만난 A씨의 정의는 윤석열의 것과 좀 달랐다. A씨는 시내를 활보하는 조직폭력배 생활을 하다 그만두고 다른 일을 하게 되었다. 조폭 조직원들은 A씨를 쫓아다니며 다시 조직으로 들어오라 강요했다. 그러던 어느 날, A씨는 관련된 사건으로 구속되어 내 앞에 앉게 되었다.

조사를 받던 A씨는 조폭 생활을 청산하려는 의지가 있었기 때문에 나는 이를 기회로 그를 통해 조직폭력배에 대한 전반적 수사를 진행하게 되었다. A씨는 신변의 위험에도 성실하게 조사에 임했고, 조직의 배신자가 되어버렸다. 그러자 그를 향한 조폭 조직원들의 협박과 회유가 지속해서 이어졌고, A씨는 이를 피해 몸을 숨기며 계속 쫓겨 다녔다. 조사 중에 그가 구속되는 편이 더 안전한 것 같다고 말할 정도였으니 말이다.

지방의 작은 시골 동네에서 태어난 그는 가난한 환경에서 자랐다. 부모가 있었어도 제대로 교육할 여력이 없었고, A씨도 어린 나이부터 생계를 위해 거리로 나섰다. 그렇게 휩쓸리듯 시작된 조폭 생활이었다. 하지만 그는 자기 삶을 포기하지 않았다. 그의 삶은 도망, 회유, 조폭 생활, 다시 배신, 협박으로 이어졌다. 반복되는 삶의 갈림길에서 선택의 순간에 서야 할 때 그는 자기 삶을 옳은 방향으로 견인하기 위해 힘을 냈다.

갈등이 없었던 것은 아니다. 도망 다니며 늘 위험에 처하는 것도 두렵지만, 조폭의 일원이 되면 일단 경제적 어려움에서 벗어날 수 있다. 범죄를 저지르며 받는 보수가 안정적 수입원이 되기 때문에 형편이 좋지 않았던 A씨에게 경제적 안정은 뿌리치기 어려운 유혹이었다. 하지만 그는 스스로 자기의 정의를 세우고, 회유와 협박에 의지를 꺾지 않았다. 나는 그의 이야기를 들으며 경탄하지 않을 수 없었다.

그는 어떻게 이런 의지를 가지게 되었을까? 무엇이 이 사람의 선택을 단단하게 했을까? 공부를 많이 해서 지식을 쌓은 것도 아니고, 집안 배경이 좋아서 보살펴주는 가족이 있는 것도 아니며, 또 누군가 멘토가 있어 손을 잡아준 것도 아니다. 조폭에 쫓기면서도 그저 오롯이 스스로 옳은 결정을 짓고 자기 삶을 견인해 가고 있었다. A씨의 정의는 위태로웠지만, 스스로 세운 삶의 깃발이었다.

무대 위의 광대 같았던 정치 검사

정치검찰과 조직폭력배는 자기 조직에 대한 맹목적 충성과 승부를 요구한다는 점에서 비슷한 결을 가졌는지도 모르겠다. 맞다 아니다 혹은 옳다 그르다를 떠나, 영화나 드라마에서 그들의 특성이 다소 과장되게 표현되기도 한다. 정의를 앞세워 불의에 항거하는 영웅의 모습을 우리가 좋아하기 때문이다. 영웅에게 주어진 고난과 핍박은 마침내 정의를 구현하는 영웅의 서사를 더욱 매력적으로 완성한다.

그래서 어쩌면 사람들이 생각했던 검사의 이미지는 우리가 좋아하는 영웅의 서사로 꾸며졌을 것이다. 물론 내가 만난 검사들 중에는 정의롭고 강직한 사람들도 있다. 하지만 그들은 나서지도, 자신을 꾸미지도 않는다. 현실에는 화려한 망토를 입고 나서는 영웅은 없다.

무대 위의 광대 같았던 윤석열은 스스로를 '정의로움'으로 포장하고, 영웅의 이미지를 쌓아가는 데 성공한 정치 검사였을 뿐이었다. 사람들이 가진 검사에 대한 바람, 정의와 인권을 바로 세우고 불의의 어둠을 걷어내는 용기 있는 검사였으면 하는 판타지가 얼마나 위험천만했었던가.

반면 A씨는 한 아이의 영웅이 되었다. 그가 구속되었을 때 일이다. 조폭이 그의 아내에게도 협박하자 힘들어진 아내가 탄원서를 내겠다며 검사실로 나를 찾아왔다. 갓난아이를 업고 온 그녀는 화장기 없는 얼굴에 머리를 하나로 묶어올린 앳된 모습이었다. 남편을 생각하는 마음이 예쁘고 착했다. 그리고 엄마 등에 업힌 갓난아이는 아직 돌이 되지 않았던 것 같았는데, 그 동글동글한 얼굴이 너무 귀여웠다. 어쩜 그렇게 아빠랑 닮았는지. 저절로 내 입가에 웃음이 떠올랐던 기억이 난다.

나는 아이를 보며 A씨의 정의가 어디서부터 비롯되었는지, 그 대단한 의지는 무엇이었는지 알 수 있었다. 자기가 다시 조폭으로 돌아가서는 이 아이와 살 수 없겠다고 깨달았던 것은 아닐까. A씨는 자신과 똑 닮은 아이를 보며, 이 아이에게 떳떳한 아빠가 되고 싶다는 마음으로 힘을 냈을 것이다. 그렇게 그는 자신의 정의를 구현하는 영웅의 길을 걸었다.

그 후로도 그는 계속 조폭을 피해 다니면서 간간이 내게 연락을 해오곤 했다. 마지막 통화에서 그는 지방에서 직장을 가졌다고 말했다. 내가 월급이 괜찮냐고 묻자, 얼마 되진 않지만 아내와 맞벌이하며 아이 둘을 키우며 열심히 살고 있다고 말해주었다.

지금 생각해보면, 그때 그는 자기가 평범하고 떳떳하게 살고 있다는 것을 내게 자랑스럽게 말하고 싶었던 것 같다. 그 똘망똘망했던 아이는 얼마나 컸을까…. 그는 결국 자신의 영웅서사를 완성했을 것이다.

용서와 형평

한 번은 용서받았다는 기억

2025년 1월 19일 내란 우두머리 혐의로 구속된 윤석열은 서울중앙지방법원의 재판부에서 절차상의 위법을 문제 삼아 구속이 취소되었다. 이 전례 없는 결정에 전 국민이 구속 기간을 따지는 잣대가 '날'인지, '시간'인지 다투어야 했다. 그리고 검찰은 즉시항고조차 포기하고, 피고인 윤석열은 52일 만에 석방되었다. 그뿐 아니라 구속 기소로 재판받는 피고인들이 자기도 '시간'으로 다시 계산해야 한다며 볼멘소리를 냈다. 대검찰청은 종전과 같은 방식, 즉 날로 구속 기간을 산정하라는 방침을 냈다.

    이 웃지 못할 해프닝 앞에서 어느 누가 '법 앞의 평등'을 말할 수 있을까? 저들의 잣대는 내가 겪은 수많은 민생범죄의 피의자들에게 들이대는 법의 잣대와 얼마나 다른가. 평생을 검찰에서 형사부 검사로 일해왔던 나는 깊은 자괴감을 가졌다. 그리고 한 절도 사건을 떠올렸다.

형사부에서 일할 때였다. 절도 사건이 배당되었는데 피해 금액이 많지는 않았지만, 피의자는 여러 번 반복적 절도로 동종 전과가 있어 구속이 불가피했던 사건이었다. 나는 구속 송치된 당일 피의자를 조사했다. 20대의 청년이었고 지적장애가 있었다.

기록을 살펴보았다. 살면서 단 한 번도 용서받아 본 경험이 없구나, 우리 사회에서 어떤 보살핌의 기회도 받지 못했겠구나, 그리고 엄격한 법이 한 인간에게 자존감을 가지고 사랑받으며 스스로 삶을 꾸려갈 기회를 박탈한 것은 아닐지 생각했다. 법이 한 번쯤은 그에게 너그러울 수 있었으면 좋겠다는 생각으로 나는 그를 구속취소하기로 결정했다.

일단 구속된 피의자를 석방하는 일은 무척 까다로운 절차가 필요하다. 내부의 결재도 많이 거쳐야 하므로 검사들은 거의 하지 않았다. 나는 부장을 설득하고, 차장을 설득하고, 또 기관장까지 설득하기 위해 구속취소 의견서를 몇 번이나 고쳐 쓰고 검찰청 계단을 숨 가쁘게 오르내렸다. 부장은 형평에 맞지 않아 구속취소를 해줄 수 있는 사안이 아니라며 반려했지만 나는 바락바락 우겼다.

한 번은 법의 관대함과 마주했다는 경험

법이 이 사람에게 한 번은 용서받았다는 기억을 줄 수 있으면 좋겠다. 그래서 그가 또 절도를 저지르게 될 순간, 어쩌면 용서받았던 기억이 범행을 막을 수 있지 않겠나. 그렇다면 부장님의 결정은 사회적 이익으로 돌아올 것이고 우리에게 더 남는 장사일 것이다…. 뭐 그런 주장을 펼쳤던 것으로 기억한다. 범죄 예방이라는 공익적 의무를 강조하면서.

돌이켜 생각할 때, 내 판단이 옳았는지 확신은 없다. 솔직히 조금 감상적 접근이었다. 초임 시절, 선배가 나에게 가장 먼저 가르쳤던 것이 '정의는 형평이다'라는 명제였다. 같은 죄를 저지르면 똑같은 잘못을 물어야 한다는 뜻이다. 다시 말해, 사람은 자기가 지은 죄에 대해 처벌받는 것은 힘들어도 감수할 수 있지만 같은 죄를 지었는데 남이 다른 처벌을 받으면 분노한다는 것이다. 똑같은 잘못을 저지른 두 사람이 누구는 벌금 10만 원이고 누구는 20만 원인 것을 어떻게 받아들이겠는가.

그런 세상에서 누가 법을 지키겠는가. 형평이 무너지면 법질서가 무너지는 것이다. 솔로몬, 함무라비, 포청천에 이르기까지 모두가 어떤 방식으로든 법의 형평을 강조했다. 그래서 검사들은 형평성을 가장 중요히 생각하고 기계적 양형을 먼저 배우고 익히게 된다.

하지만 사실 민생범죄들을 들여다보면 볼수록 '법의 형평성이 도대체 무엇인가?' 하는 근본적 의문마저 든다. 특수부는 화이트칼라 범죄들을 많이 다루는 반면 형사부는 경제적으로 취약한 계층의 민생범죄들을 많이 다룬다. 그러다보니 피의자의 배경이나 범행 동기 등이 눈에 밟히는 것이다. 대기업이나 재벌의 수백억 금융범죄는 여러 이유를 들어 불구속 수사하는데, 수십만 원 혹은 몇 만 원 정도의 소액 범죄마저 동종 전과라는 이유로 전례에 따라 구속 결정이 내려진다. 이것이 과연 형평인가? 검사 이전에 우리 사회의 한 사람으로서 되묻지 않을 수 없다.

구속취소를 승인받자 나는 더 도움을 주고 싶어졌다. 윗사람들을 겨우 설득해 범죄예방협의회에서 치료비로 몇 백만 원을 그에게 지급할 수 있었다. 피해자도 아니고 피의자에게, 더욱이 소년도 아닌 그에게 경제적 도움을 주는 일은 쉽지 않았다. 피의자를 석방하고 지원금을 그의 아버지에게 전달하며 자초지종을 설명했다. 아버지는 이렇게 도움을 받게 될 줄은 생각지도 못했다며 고마움을 표했다. 그 순간 무거웠던 내 마음이 한결 가벼워졌다.

무엇이었을까? 그 옛날 검사 시보 조영래가 안타까운 피의자를 구속취소하기 위해 뛰어다녔던 것처럼 한 번은 나도 스스로 좋은 검사라는 것을 확인해 보고 싶었던 걸까? 멋쩍다.

지금은 어디서 무엇을 하며 지내고 있을지, 그가 문득 궁금해진다. 그 후로 다시 절도를 했을까? 어쩌면 나의 바람처럼 범죄 유혹을 꾹 참아냈을까? 그래도 자신의 인생에서 한 번은 법의 관대함과 마주했다는 경험으로 조금은 마음이 누그러지는 시간이 있었기를, 세상이 강퍅하고 막막할 때 누군가 자신을 위해 검찰청 계단을 수십 차례 오르내리며 윗사람들을 설득하느라 진땀 흘렸다는 것을 기억해 주기를, 그리고 그 기억이 너무 힘든 세상을 놓아버리고 싶거나, 누군가를 해치고 싶은 마음이 들 때 한 번은 그를 멈추게 할 수 있기를 바란다.

마음속에 쓴 일기 7

눈을 감아야 보이는 게 있다.
눈을 떠서 보이는 게 전부가 아니다.
마음은 사진에 찍히지 않는다.
보이지 않는 대상을 찍을 수는 없다.

마음이 보일 때는 따로 있다.
정적 속에서 불을 끄고 눈을 감으면
환히 마음이 보일 때가 있다.

모두가 바쁜 요즘 눈에 보이는 것만을 믿는다.
자신의 마음을 돌아볼 시간은 없다.

"가끔 하늘을 보자"라는 말처럼
"가끔 눈을 감자"

마음을 돌아보면 보이지 않던 것을 볼 수 있으니까.

시아버지의 친필 편액
무불경(毋不敬)은 예기에 나오는 말로 '매사에 공경하지 않음이 없다'

'바루다'

잘못을 바루다

나는 청소를 좋아한다. 깔끔하고 깨끗하게 정리된 모습을 보는 것이 기분 좋기 때문이다. 밖에서 일하고 들어간 날에도, 휴일에도 청소기를 들고, 행주를 집어 든다. 어질러져 있는 것을 보면 참지 못하는 편이다. 그래서 의원실의 내 방도 어쩌면 과도하게 정리되어 있다. 우리 보좌진들이 불편할 수도 있지만 어쩔 수 없다. 내 성격이 이렇다 보니 청소에 대한 나름의 개념도 세우고 있다. 청소는 물건들이 제자리를 찾는 과정이라 생각한다. 있어야 할, 필요한 자리에 있는 물건은 빛이 난다. 자신의 가치를 내보이기 때문이다.

예전에 tvN에서 방영했던 예능 프로그램 〈신박한 정리〉를 좋아했다. 온갖 물건들이 다 나와 있고 쓰레기들이 쌓여 있는,

글자 그대로 엉망진창인 집에 신애라 씨가 등장하고, 하나하나 정리해가는 것이 재미있었다. 어떤 날은 신애라 씨가 주방 구석에 먼지 쌓여 있던 물건을 잘 닦아 안방으로 옮겨 놓기만 했는데 희한하게 빛이 났다. 쓸데없는 물건, 쓰레기라 생각했던 물건들도 제자리에 가져다 놓으면 쓸모가 생겼고 자기의 새로운 가치를 증명하며 아름다워졌다. 그런 장면에서 나도 시청자로서 희열을 느꼈다.

물건이나 사람이나 세상의 모든 것들은 제자리에 있어야 하고 단정해야 한다고 생각한다. 그래서 내가 가장 좋아하고 잘하는 것이 '바루는 일'이다. "비뚤어지거나 구부러지지 않도록 바르게 하다"는 뜻이다. 검사의 일도 내겐 마찬가지였다. 매일 책상 앞으로 찾아오는 사건들은 일종의 망가진 것이었다. 누가 누구를 때려 상해를 가한 사건이든, 누가 누구의 것을 훔쳐 경제적 피해를 입힌 사건이든 나의 일은 망가지고 삐뚤어진 것을 똑바로 바루는 일이었다.

나는 그런 내 일을 좋아했고 적성에도 아주 잘 맞았다. 사건 조서를 읽으면, 이 망가진 것을 사건이 일어나기 전으로 최대한 되돌리고 싶었고, 그 회복은 그저 시간으로 해결될 수 있는 일이 아니었다. 사건을 따져보고, 가해자를 처벌하고, 피해자도 상처 입은 마음에 새로운 살이 돋아나게 하는 '바루는 일'이 필요했다. 그 바루는 과정 안에서 가해자와 피해자 모두 새로운 삶으로 다시 살아갈 힘이 생기는 것, 그것이 내가 바라는 '회복'이었다.

특수부 검사들의 잘못된 관행은 정치권력에 휘둘리고…

검사는 바루는 일을 한다는 내 직업적 자긍심을 뭉개버린 사건이 주어졌다. 법무부 감찰담당관으로 일하던 2020년 10월이었다. 라임사태의 주범으로 지목되어 구속 수감된 김봉현 회장의 편지가 공개되면서 검사들이 술 접대를 받았던 사실이 폭로되었다. 자신이 특수부 검사 3명에게 하룻밤 1,000만 원어치의 술을 대접했다는 내용이었다. 김 회장의 편지를 보면서 고급 유흥업소에서 거액의 술 접대를 받으며 호가호위했다는 특수부 검사들에게 분노가 일었다.

검찰 조직 안에서 특수부, 특별수사부의 위상은 이름대로 특별하다. 2019년 문재인 정부에서 검찰 개혁의 일환으로 특수부가 반부패부로 이름이 바뀌었지만 검찰 전체 인원의 10%도 채 되지 않는 이들이 여전히 검찰의 주류를 형성하고 있다. 경찰 조사를 바탕으로 사건의 공소를 진행하는 대다수 형사부 검사와는 달리, 특수부 검사는 인지 수사, 즉 자체적으로 범죄 사실을 인지하여 수사를 진행하고 대규모 경제 사건이나 권력형 비리 사건들을 다룬다. 그래서 야망 있는 대부분의 검사들이 가장 발령받고 싶은 부서이다. 일단 특수부 검사로 발탁되면 세간의 이목을 끄는 사건들을 수사할 기회들이 주어지기 때문에 승진에 유리하고, 한마디로 출셋길이 열린다고 생각하는 것이다.

특수부 검사가 되기 위해서는 우선 인사 권한이 있는 윗사람에게 잘 보여야 하고, 특수부 검사가 되어서도 시키는 일을 윗사람 입맛에 맞추어야 하는 것이 조직의 생리 아닌가. 특히나 검찰처럼 위계질서가 분명한 문화에선 더욱 그렇다.

그래서 특수부 검사들은 대다수 형사부 검사들보다 더 잘났다는 특권의식을 가지게 되고, 좋은 보직과 우선 승진을 당연하게 여기곤 한다. 검사라면 누구나 목표로 삼는 검사장도 결국 특수부 검사들의 전유물일 뿐이었다.

이러한 행태를 당연시하며 수십 년을 쌓아온 검찰 문화가 지금의 괴물을 낳았는지 모른다. 마음만 먹으면 수사도 하고 공소 제기도 할 수 있는 검찰 권력의 문제는 차치하더라도, 특수부는 출세하고자 하는 검사들의 선망이자 동시에 비난의 대상이 되었다. 나는 이것이 특수부 검사들만의 문제라 생각하지 않는다. 잘못된 관행을 검찰의 문화로 묵인하고 침묵했던 검사들이 있었기 때문에 가능했다. 그 때문에 특수부 검사들의 잘못된 관행과 검찰 조직에 팽배한 비민주적 문화는 정치권력에 휘둘리고 이용될 취약성을 늘 내포하고 있다.

법무부와 검찰은 일말의 양심도 없는가

1970~80년대에는 안기부, 기무사 등의 정보기관이 정치권력의

하수인이 되어 공작 정치를 하고 국정을 좌지우지했다. 이러한 정보 사찰을 하는 기관들이 민주화 과정에서 상당 부분 재편되자 그 빈자리에 검찰 권력이 들어선 것이다.

사실 역사적으로 검찰의 권한은 과도한 경찰의 권한을 견제하기 위해 주어졌다. 경찰의 수사 권한을 통제하고 법원을 견제함으로써 인권을 옹호하는 것이 검사 본연의 역할이다. 그런데 그 역할을 방기하고 검사들이 오히려 자신의 권력을 계속 확대하며 정치권력과 결탁하는 방향으로 나아갔다. 결국 검찰은 윤석열 정권이라는 괴물을 스스로 만들어내고 연성 쿠데타를 일으킨 것이다.

나는 검찰의 문제가 조직과 시스템만의 문제라 말하지 않는다. 그 조직 내에서 잘못된 관행과 비위를 묵인하고 동조했던 개개인이 분명 존재하기 때문이다. 2020년 라임사태의 주범에게서 향응을 접대받은 그 특수부 검사들이 대표적이다.

당시 검찰은 김 회장에게서 향응을 받은 검사들을 기소하는 과정에서 수사의 쟁점을 '부적절한 접대를 받았나'에서 '그래서 술값이 얼마냐'로 전환시켰다. 그 자리에 유흥을 위한 밴드와 접객원이 있었고, 밴드 비용으로 얼마를 썼고, 검사 3명만 있었던 것이 아니라 2명이 더 있었으니 술값 계산을 1/n로 해야 하고, 또 그중 2명은 먼저 일어났다는 점을 감안해야 한다는 논리를 펼쳤다. 이 자극적 뉴스는 쟁점을 호도하고 국민의 눈을 가리려 했다.

결국 검찰은 이 모든 계산을 미루어 보아, 술자리 중간에 일어난 검사 2명에게는 술값이 99만 원을 넘지 않았다는 이유로 불기소 처분했고, 한 명의 검사에게만 기소 처분했다. 이 어처구니없는 검찰의 제 식구 감싸기 셈법에 '99만 원 불기소 세트'라는 조롱을 받았다. 그나마 기소되었던 검사도 법정에서 또 다른 계산법으로 100만 원이 되지 않는다며 무죄가 선고되었다.

나는 너무 부끄러웠다. 그들의 행태는 70~80년대 정치 드라마에서나 나올 법한 것이었다. 더욱이 그중 한 명은 그가 초임 검사 시절에 내가 직접 가르친 후배였기 때문에 내 충격은 더욱 컸다. 백번 양보해, 예전 검사들은 시절이 그랬으니 그랬다 하더라도, 내 앞에 앉은 이들은 소위 말하는 민주화 이후 세대, 2020년 대한민국의 젊은 검사들 아닌가! 나는 조사하는 내내 '술 접대를 받는 것이 특수부 검사들의 일상적 행태였나' 하는 의문을 지울 수 없었다.

그들은 자기들의 행위에 대해 할 말이 많았던 것 같았다. 그러나 검사들이 저렇게 고급 술집에서 술을 얻어먹고 흥청망청했다는 이미지를 국민에게 준 것만으로도 검찰에 대한 신뢰는 무너졌다고 생각했다. 그리고 큰 출세를 하지는 못했어도 내가 검사로서 평생 성실히 일했고, 하는 일에 보람과 자부심을 가졌는데, 그들은 내가 우리 아이들에게 "엄마가 검사"라고 말하는 것이 부끄러운 세상을 만들어 버렸다. 화가 나고 속상했다.

감찰담당관으로 며칠 동안 조사하면서 나의 부끄러움은 훼손된 검찰의 신뢰를 회복하기 위해 무언가를 해야 한다고 나를 자연스럽게 부추겼다. 과거의 선배들은 어쩔 수 없지만 후배들은 개선의 여지가 있을 것 같았다. 나는 검찰이라는 나의 조직을 '바루고' 싶었다. 그리고 그럴 수 있다고 생각했다. 지금 생각해보면 나는 검찰에 대한 희망과 신뢰가 있었던 것 같다. 그때까지만 해도….

결국 라임사태 주범 김봉현 회장에게서 술 접대를 받은 검사 사건은, 무죄 판결을 내린 원심이 대법원에서 2024년 10월 파기되고 서울남부지법으로 환송되었다. 나는 이들을 징계해야 한다고 주장했으나 법무부는 한 명의 검사가 재판 중이라는 이유로 어떤 징계도 내리지 않다가 최근에야 솜방망이 징계만 내렸다. 법무부와 검찰은 국민의 세금으로 운영되는 정부기관으로서, 국민의 눈치라도 보는 일말의 양심도 없는 걸까.

2장
나를 키워 준 순간들

리영희 선생을 기억하며

어떻게 살아야 하는지에 대한 삶의 나침판

일면식도 없었지만 마음속 깊이 존경하는 인물이 있다. 바로 리영희李泳禧 선생이다. 《전환시대의 논리》로 대표되는 리영희 선생의 책과 글은 대학 시절 누구나 한번쯤은 읽어야 할 필독서였다. 당시 젊은이들에게 시대정신과 삶의 방향을 고민하게 하는 화두를 던졌다. 나도 리영희 선생의 삶과 행적에 많은 감명을 느꼈고, 어쩌면 그때 내가 선생의 책을 만나 내 삶의 틀을 만들었다 해도 과언이 아니다.

2006년, 나는 한겨레신문에서 선생의 인터뷰 기사를 우연히 읽었다. 기자의 질문에 리영희 선생이 시국, 정치, 통일 등에 대해 답한 내용이 길게 적혀 있었다. 그 끝에 기자가 '어떻게 살아야 합니까?' 질문을 던졌다. 선생은 제대로 잘 살기 위해서는 첫째, 평범하게 살되 단란한 가정을 이루어라, 둘째, 이웃과 동시대적 생을 위해 봉사하라, 셋째는 사랑과 평화를 위해 협력하라는 것이었다. 너무 오래된 일이라 그 문구를 그대로 기억하는 것인지는 모르겠지만, 어떻게 살아야 하는지에 대한 선생의 대답이 지금까지도 내 삶의 나침판이 되었다.

그때부터 '나는 평범한가?'라는 물음으로 삶을 돌아보곤 한다. 삶의 진실이 평범함에 있다고 생각하기 때문이다. 그리고 선생의 첫 번째 지침처럼 단란한 가정을 이루어 가족이 함께 웃고 살 수 있으면 꽤 괜찮은 인생이 될 것이다. 또 여력이 있다면 두 번째 지침, 내 이웃을 위해 내가 봉사할 수 있다면 좋겠다 생각했다. 봉사라 해서 거창한 것이 아니라 불우이웃돕기처럼 연말에 성금을 내거나 작은 봉사라도 하면서 살아가면 세 번째 지침으로 가는 길목에 설 수 있을 것 같았다.

그렇게 선생이 말한 세 가지 지침으로 살다가 언젠가 죽음이 찾아왔을 때 "나는 성공했어"보다는 "나는 보람 있었고 여한이 없어"라고 말할 수 있기를 바랐다. 지금도 그 마음은 변함이 없지만 우여곡절 끝에 정치인의 삶으로 들어서게 되어 지금 과연 내가 세 가지 지침에 따라 살고 있는지 스스로 의문스럽다.

삶이 평범하고 일상이 소중하다는 중요한 가르침을 젊은 시절 만날 수 있었던 것은 내 인생에 큰 행운이었다고 지금도 생각한다. 어떤 자리보다 무슨 일을 했는지가 기준이었기 때문에 지금도,

예전에도 어쩌면 훨씬 마음 편한 삶을 살 수 있었는지도 모르겠다.

윤석열 탄핵심판 헌법재판을 맡았던 문형배 소장 대행이 존경하는 인물인 김장하金章河 선생의 삶에도 그런 대목이 나온다. 김장하 선생으로부터 장학금을 받았던 제자가 선생에게 장학금을 받고도 자신이 특별한 인물이 되지 못해 죄송하다고 하자 "내가 그런 걸 바라고 준 것은 아니었어. 우리 사회는 평범한 사람들이 지탱하고 있는 거다"라고 말씀하신다. 김장하 선생의 그 말 속에 리영희 선생의 '평범한 것, 단란한 가정을 이루는 것'이라는 삶의 지침이 맞닿아 있다.

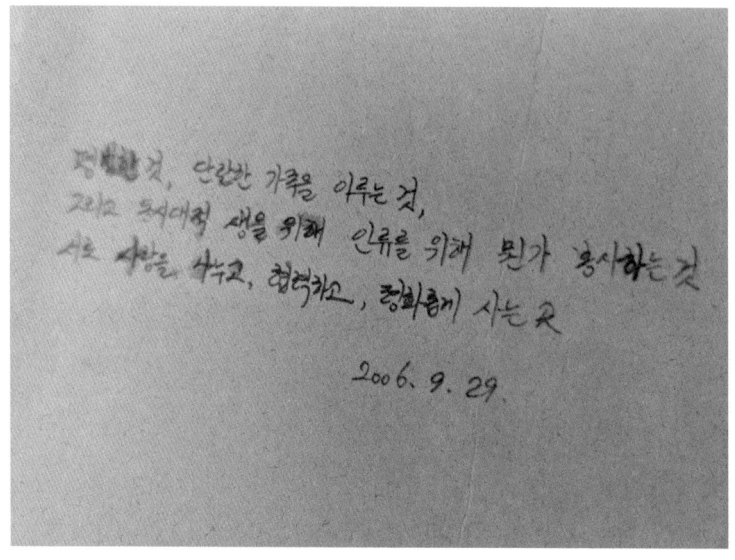

2006년 가을 리영희 선생을 떠올리며
다이어리에 적어놓은 문구

평범한 선택들이 모여 삶을 특별하게 해주었다

리영희 선생의 책들 중 2005년에 발간된 《대화》를 가장 좋아한다. '한 지식인의 삶과 사상'이라는 부제가 붙어 있으며 민족문제연구소 소장으로 있는 임헌영任軒永 선생과의 대담집이다. 이 책은 대한민국 현대사에서 리영희 선생이 자기 삶의 궤적과 인식이 어떻게 발전했는가를 담담하게 고백하는 자서전이었다. 시대를 꿰뚫어 보는 그의 통찰도 대단했지만 무엇보다 내 마음을 끌었던 것은 선생의 담담함이었다.

어두웠던 역사와 상황에 대해 어떤 과장과 미사여구도 없이 사실만을 전달했다. 자기의 삶을 이야기할 때조차 선입견을 걷어내고 군더더기 없이 건조하게 서술했다. 평생을 기자로 살며 사실을 추구하고자 했던 선생의 담담함은 '이성의 힘'에 뿌리를 둔 것이라 생각한다.

한국전쟁 시기에 장교로 입대해 통역관으로 7년간 복무하면서 전쟁의 참상을 목격하고, 70~80년대 군부독재 정권에 맞서 기자로서 소명을 다했던 그의 삶 어느 곳에도 자기에 대한 꾸밈이 없었다. 합동통신 외신부 기자 시절에 베트남 전쟁을 반대하는 기사를 여러 차례 기고해 중앙정보부에 끌려가 반공법으로 고초를 당했다. 외신을 통해 정보를 얻고, 또 취재하는 과정이 얼마나 위험했을까. 죽을 고비를 넘겨도 몇 번이나 넘겼을 터이지만 글은 담담하게 사실만을 전달했다. 어떤 감정도, 어떤 선입견도 선생의 생각에 쉬이 침범하지 못했고, 절체절명의 순간에도 이성적 판단으로 선택하고 결정했다. 선생이 말한 평범성은 이성에 기초한 담담함이라 생각한다. 선생이 내린 결정은 평범한 선택이었지만 결국 그 선택들이 모여 리영희의 삶을 특별하게 만들었다.

 2010년 12월이었다. 그때 서울 서부지검에서 근무하고 있었는데, 신문에서 리영희 선생께서 별세하였다는 부고를 읽고 세브란스 병원의 장례식장을 찾았다. 한 번은 직접 만나 뵐 수도 있었겠지만 잘 나서지 못하는 성격 탓에 언젠가는… 하며 만남을 미루어왔는데 어느 날 리영희 선생의 별세를 알게 된 것이다. 내가 그렇게 존경하던 《토지》의 작가 박경리 선생도 뵙지 못하고 그렇게 떠나셨는데, 리영희 선생도 떠나셨다고 생각하니 내 삶의 큰 산이 무너진 것 같았다. 그래서 조문이라도 가야겠다 생각하고 빈소로 찾아갔다.

 선생님의 영전에서 절을 하다 갑자기 눈물이 났다. 마지막 가시는 길에 한 번 뵙고 와야지 생각하고 담담하게 들린 빈소에서 오랫동안 내 삶의 나침판이었던 '평범한 것, 단란한 가정을 이루는 것, 이웃을 위해 동시대적 생을 위해 봉사하는 것'이라는 등불을 켜주신 분이 세상에 없다는 막막함에 갑자기 슬픔이 밀려와 눈물이 터져버린 것이다. 눈물 때문에 당황해하며, 유족에게 제대로 인사도 하지 못한 채 서둘러 장례식장을 나왔다.

"저는 박은정이라는 검사이고, 평소에 리영희 선생님을 존경해서 이렇게 왔습니다."

유족에게 제대로 설명드려야 했는데 그러지 못했다. 평일 점심 때 웬 젊은 여자가 정장을 입고 와 영전에서 울고 또 아무 말도 없이 급하게 나가버렸으니, 유족분들도 당황했을 것 같다. 그때 나는 10년 차 검사, 39살이었다. 마흔을 앞두고 이런저런 고민이 많았던 시기였다. 검찰에 남아 부장으로 승진을 기다려야 할까, 아니면 지금이라도 변호사를 시작해야 할까, 인생의 갈림길에 서 있었다. 그러다 보니 젊은 시절 인생의 화두를 던져주었던 선생의 죽음에 막막함을 느꼈던 것 같다.

오늘도 조용히 '나는 평범한가?' 되물어 본다

그 무렵, 나는 일이 손에 익어 한참 '일의 재미'를 느껴가던 때였다. 어찌 보면 검사의 일은 사실을 수집하는 것이기에 자칫 선입견으로 사실이 왜곡되어 사건의 실체가 호도되는 것을 가장 경계해야 한다. 그래서 나는 리영희 선생처럼 사건을 이성으로 판단하면 옳은 결정을 만들 수 있다고 생각했다.

사건에서 감정을 분리해내고, 사실에서 진실이라 주장하는 것을 배격했다. 그것들이 어쩌면 본질을 가릴 수 있기 때문이다. 내가 가졌던 고민과 리영희 선생의 말씀이 화학 작용을 일으키며 '평범하고 꾸밈없이 살아야 한다'는 인식이 내 안에 뿌리를 내렸다.

나는 늘 평범한 공무원이었다. 감정에 휘둘리지 않고 이성으로 사실을 판단하려 노력하는, 검찰청 2,300여 명의 검사들 중 한 사람이었다. 그렇게 나는 20여 년을 그냥저냥 나름으로 열심히 일해 온 공무원이었고, 윤석열을 감찰하는 일은 주어진 많은 사건들 중 하나였을 뿐이었다. 이것이 나에게 특별한 기회였다고 생각했다면 나도 어쩌면 윤석열 정부에서 한자리 꿰차고 앉았을지도 모를 일이다. 하지만 나는 지극히 평범한 선택을 했고, 그 때문에 삶이 익숙했던 궤도를 이탈했다.

2024년 2월 법무부에서 해임 통보를 받고, 3월 조국혁신당에 영입되었다. 그리고 국회의원이 되어 윤석열 정권과 끝내지 못한 싸움을 이어가며 국민과 함께 여기까지 왔다. 평범한 공무원에서 국회의원이라는 정치인이 되기까지 채 1년도 지나지 않은 시간 동안 나는 리영희 선생의 나침판이 가리키는 방향과는 상당히 먼 곳으로 와 외딴 곳에 서 있다. 아직 하루하루가 낯설고 어색하다. 계엄 정국이라는 엄중한 시국 속에서 선생을 생각할 겨를도 없었다.

하지만 고백하건대, 가끔은 내게 익숙하고 평범했던 시간들이 그립다. 그리고 비현실적인 오늘도 조용히 '나는 평범한가?' 되물어 본다.

마음속에 쓴 일기 8

이태원 참사는 청천벽력과 같았다.
축제에 나간 젊은이들이 집으로 돌아오지 못했다.
공권력은 작동하지 않았다.
공권력 집단인 검찰 정권은
사고에 대한 수습도 책임도 지지 않았다.
나는 검사였으며, 아이들의 엄마였다.

서지현 검사와 이태원에 갔다.
우리는 말을 거의 하지 않았다.
사고 현장에서 우리는 주저앉고 말았다.
터져 나오는 눈물을 멈출 수가 없었다.
그날 밤 공기를 기억한다.
미안하다. 아이들아.
울 수밖에 없어서 미안하다.

10. 29 이태원 참사 2주기 국회추모제

외국인 노동자와의 만남

'따라 구릉'
이름이 주는 정겨움

네팔어로 '따라'는 별이다. '구릉'은 히말라야 중턱 산간 마을의 지명인데 그 지역 사람들은 성씨가 구릉이다. 대학을 졸업하고 고시공부를 하던 시절 네팔에서 온 노동자들을 만났다. 한국에 취업하러 온 사람들이었는데 네팔에서 대학을 나온 지식인들이었고, 그럼에도 한국에서는 노동현장에 취업하여 벌이들을 했다. 영어도 꽤 잘했고 교양 수준도 낮지 않았다.

　외국인 노동자를 지원하는 단체에서 일하는 지인이 그 사람들을 위하여 한글을 가르쳐 주면 어떻겠냐고 부탁을 해왔다. 기본적인 노동법들도 알려주면 좋겠다고 했다. 나는 고시공부를 하던 중이었기에 처음에는 거절하려 했다. 그런데 그분들을 만나자 마음이 바뀌었다. 히말라야 산간 지역에서 사는 분들이

어서 그런지 까무잡잡한 피부에도 눈빛이 맑았고 순박했다.

　말이 잘 통하지 않아 영어 반 한국어 반으로 대화했는데 사람에 대한 예의바름이 있었다. 그들은 유쾌했고 내가 하는 공부에도 관심을 가지고 뭐랄까 내가 도와주어야 할 사람들로부터 오히려 위로받는 그런 느낌이 들었다. 고시공부하는 신림동에서 종로에 있는 외국인 노동자 단체 사무실까지 주말이면 버스를 한참 타고 한글을 가르치러 다녔다. 일요일 오전에 버스 타고 가서 두어 시간 수업을 하고 함께 점심을 먹었다.

　그 단체 사무실 지하에 있는 식당에서 여자 노동자들이 네팔 음식을 조리했는데 비위가 약한 나는 향신료 냄새가 많이 나는 네팔 음식을 잘 먹지는 못했다. 표시를 내지 않기 위해 무던히도 애쓰던 기억이 난다. 밥을 안 먹고 그냥 오면 되었는데 나는 지하에 가서 함께 밥도 먹고 네팔차도 마시고 오후가 되어서야 집으로 왔다.

　내가 시험에 합격했을 때 가장 기뻐한 사람도 그들이었다. 자기들 일처럼 기뻐하고 영어 못하는 나를 위해 영영사전도 선물로 주었다. 판검사가 되면 영어를 더 잘해야 한다고 웃으며 말하기도 했다. 네팔에서 고등학교 교사였던 B는 한국에서 유리 샷시 작업 현장에서 일하면서도 네팔 고교 교사 월급보다 많다고 좋아했다. 언젠가 꼭 한번 히말라야 자기 집에 초대하고 싶다고 말하곤 했다.

나는 히말라야 구릉 지역에 가는 꿈을 꾸며 그들을 만났다. 나도 그들에게 네팔말을 배우고 싶다 했더니 한마디씩 가르쳐주었다. '따라 구릉'이라는 이름은 그때 그들이 지어주었다. 나를 별이라고 지칭해주어 기분이 좋았다. 그들하고 조금 연락이 끊겼다가 사법연수원에 입학하고 얼마 지나지 않아 B로부터 연락이 왔다. 한국인에게 마을 전체가 취업 사기를 당해 구릉 마을이 쑥대밭이 되었다 했다.

순박한 그들에게 피해를 입힌 사람은 우리 한국인

B의 형님이 네팔에서 오셔서 만났다. 한국에서 온 사기꾼이 한국에 취업시켜 준다고 하면서 마을 사람들 전체를 속여 돈을 뜯어 도망갔다는 것이었다. 나는 사법연수원에 들어간 지 얼마 되지 않아 혼자서는 도움을 드리기 어려웠다. 그때 사법연수원 환경법학회에서 만난 연수원 2년차 선배가 마침 법원에서 시보를 하고 있었기에 그 선배에게 도와달라고 요청했다.

서초동에 있는 김치찌개집에서 그 선배와 나, B와 B의 형님이 만났다. 선배가 고소장을 써주는 것을 도와주고 그들과 함께 서울지검(지금은 서울중앙지검) 외사부에 사건을 접수시켰다. 순박하던 그들의 모습이 너무 마음 아팠다. 피의자는 3명이었는데 고소가 늦었는지 모두 국내에 없고 출국한 상태였다. 하는 수 없이 기소중지 처분이 되었고, 입국 시 통보요청까지 했던 것으로 기억난다.

　우리에게는 아주 거액이 아니었지만 그들에게는 전 재산인 돈이었다. 나는 그들에게 그만큼밖에 도움을 주지 못해 미안했다. 순박한 그들에게 피해를 입힌 사람이 한국인이라는 것이 부끄러웠고 그 마을 사람들이 많이 걱정되었다. 피의자들이 귀국하는 것을 기다리지 못하고 그들은 고향으로 돌아갔다. 가끔씩 내가 가르쳤던 한글로 쓰여진 메일이 오기도 하고 나도 메일을 보내곤 했는데 그러다가 연락이 끊어졌다. 지금도 가끔 그들이 궁금하다. 네팔 히말라야 구릉 마을에 가봐야지 하는 생각이 들기도 한다.

　순박했던 외국인 노동자들과 내 젊은 시절을 함께 보냈던 추억이 있어서 내 삶은 풍요로워졌다고 생각한다. 노동 현장에서 다치기도 하고 악덕 사업주를 만나 임금 체불로 피해를 입기도 했지만, 심지어 마을 전체가 취업 사기를 당했음에도 그들은 한국인을 미워하지 않았다. 내게도 늘 예의바르고 따뜻했다.

　고향을 떠나 먼 이국에 돈을 벌러 와서도 삶에 대한 유쾌함을 잃지 않았던 사람들, 한번씩 신이 나면 네팔 전통 음악에 춤을 추기도 하고 내게 '따라'라는 예쁜 이름을 지어 주었던 그들이 문득문득 보고 싶다.

마음속에 쓴 일기 9

나는 울지 않으려고 한다.
울고만 있을 수는 없었다.
울고 있는 사람을 보면 힘이 빠졌다.
눈물을 흘릴 힘이 있다면
그 힘으로 쓰러지지 말고 일어서야 했다.
울지 않기 위해서 어금니를 꽉 깨물었다.
윤석열 총장의 징계는 결코 싸움이 아니다.
그것은 법에 의거한 합당한 징계였다.

그러나 원치 않는 싸움이 되었다.

검찰개혁 토론회에서

추미애 장관

법과 규정에 따라
할 수 있는 것을 하세요

내 인생이 한 굽이를 돌아 또 다른 갈림길로 들어섰다. 2020년 2월 법무부 감찰담당관으로 발령받고, TV에서나 보았던 추미애 장관님을 상사로 만났다. 감찰담당관은 차장 검사급이었으니 검사 생활 20년 차인 나로서는 승진이었다. 그래서 열심히 해보겠다는 각오가 있었다.

추 장관님과의 첫 만남은 내 예상과 달랐다. 내가 자기소개를 하고 열심히 하겠다며 친근하게 어필하는데도 특별히 반가운 기색이 없었다. 그렇다고 무뚝뚝하지도 않게 그냥 "잘 부탁한다. 앞으로 함께 잘해보자" 간단하고 담백한 말씀이었다.

그분의 첫인상은 단단했다. 검찰 조직에서는 내가 누구누구고, 어쩌고저쩌고하며 열심히 하겠다고 말할 때 보통 윗사람들은 흐뭇해하며 좋아했는데, 추 장관님은 달랐다. 첫 만남에서 서운하다거나 무안했다기보다는 이 사람은 내가 알던 검찰의 윗사람들과는 다른 문법을 가진 분이라고 느꼈다.

부끄럽지만, 검찰의 조직문화는 밖에서 보는 것과는 달리 굉장히 사적 네트워크로 이루어진다. 호칭도 형, 동생, 언니라고 부르며 무리를 형성해 공적이고 합리적인 소통이 어렵다. 그뿐 아니라 직급이 올라갈수록 대부분 남자들로 구성되어 패거리 문화의 특징도 가지고 있다. 상하의 위계질서가 엄격하고 일방적 명령에도 상명하복하는 정서가 만연하다.

그래서 나는 검찰의 조직문화에 적응하기 쉽지 않았었다. 여자 선배에게조차도 언니라는 호칭을 거의 붙여본 적 없다. 언니라는 호칭이 내포하는 의미가 은연중에 업무를 사적으로 해결하는 느낌을 주기 때문이다. 직장, 특히나 검찰 조직에서는 부적절하다고 생각한다. 그래서 추 장관님과의 첫 만남은 예상 밖의 기대감을 주었다. 어쩌면 나와 잘 맞겠다, 일을 합리적으로 할 수 있겠다는 생각이 들었다.

추 장관님은 강하시다. 자신이 옳다고 생각하는 것은 반드시 관철시켰다. 하지만 놀라운 점은 그 소신이 일방적이지 않다는 것이다. 부하 직원이 반대하면서 그 이유를 논리적으로 설득하면 의견을 바꿀 줄 알았다. 검찰에서 20여 년을 일해온 나로서는 인상적 경험이었다. 경력이 많아지고 직급이 높아질수록 부하의 반대로 자기 생각을 꺾는 게 쉽지 않다는 것을 우리는 잘 알지 않나.

장관님이 검찰을 정확히 모르시고 판단을 내릴 때 나는 몇 차례 반대했었다. 물론 내 의견이 받아들여진 것도 있고, 아닌 것도 있었지만 반대 의견을 내는 것이 주저되거나 불편하지 않았다. 내게 그분은 정말 함께 일하기 편한 상사였다. 그전에 이런 상사를 만났던 적이 있었을까….

자기희생과 헌신으로 팔을 걷어붙였지만…

추 장관님은 합리적으로 일하는 사람이었다. 그러면서도 자신의 권위를 잃지 않았다. 부하가 옳은 일을 한다는 판단이 서면 자기가 책임을 지고 끝까지 부하를 지지해 주는 상사였다. 위계질서와 권위는 바로 그 책임에서 나온다. 그래서 끝까지 그분은 장관이었고, 나는 감찰담당관이었다. 그분은 직무와 직분, 법의 테두리 안에서 자기 목표의 최대한을 실현하려 노력했고, 소신과 권위는 모두 책임으로 귀결되었다. 내가 윤석열 감찰을 할 때도 마찬가지였다.

"감찰담당관 책임하에 법과 규정에 따라 할 수 있는 것을 하세요. 그리고 나서 결과를 보고하면 내가 결정할게요."

윤석열 총장 측에서, 추 장관이 나를 회유해 억지로 불법 감찰을 하게 했다며 법무부를 공격했다. 모두 근거 없는 주장이다. 추 장관님은 말과 행동이 다른 사람이 아니다. 얼마나 일하기 편한 상사인가? 물론 상당히 소신이 센 분이기 때문에 만일 그분을 설득해 결정을 바꾸려면 자기 논리에 빈틈이 없어야 한다는 것만 빼곤 말이다.

돌이켜보면, 당 대표까지 지낸 추미애라는 사람이 괜히 법무부 장관을 해서 하지 않아도 될 고생을 너무 많이 겪은 것 아닌가 하는 인간적 감정이 들 때도 있다. 당시 5선 국회의원이니 대권주자도 될 수 있었다. 그렇게 정치인으로서 자신의 창창한 미래를 위해 달려갈 수도 있는 그때 법무부 장관을 선택했다. 그리고 검찰 개혁을 위해 팔을 걷어붙였다. 그 결정에는 소명 의식이라는 자기희생과 헌신이 있었다. 우리 국민으로서는 고마운 일이지만 추미애라는 한 인간의 삶에서는 너무나 쓰라린 시간이었다.

2020년 11월, 감찰담당관실의 감찰 조사 결과를 바탕으로 법무부는 검찰총장 윤석열에 대해 직무집행정지를 명령하고, 징계를 청구했다. 징계 사유는 주요 재판부에 대한 불법 사찰 문건 배포, 채널A 기자 취재 윤리 위반 사건의 감찰 및 수사 방해, 국정감사에서의 정치적 발언에 대한 정치 중립 의무 위반 등이었다. 이에 윤 총장은 서울행정법원에 직무집행정지 처분에 대한 효력정지를 신청했다.

12월, 징계위원회가 16일 새벽에 정직 2개월을 의결하였다. 검찰이 집단 반발을 하고, 24일에 서울행정법원은 윤 총장에 대한 '정직 2개월 징계의 집행을 정지하라'는 판결을 했다. 일련의 과정에서 윤 총장은 자신의 주특기로 언론을 부추기며 온갖 거짓 프레임을 만들며 사건의 본질을 흩뜨렸다. 많은 언론에서 '추-윤 갈등'이라는 헤드라인으로 사건을 왜곡 보도했다. 이 사건은 두 개인의 갈등이 아니라 법무부가 당연히 해야 할 일을 한 것이었다. 검찰의 상위 행정기관인 법무부가 검찰총장의 직권남용을 감찰하고 징계한 것인데, 윤 총장은 검찰을 자신의 사조직처럼 추동하여 쿠데타나 다름없이 온갖 법기술과 언론을 동원하여 법무부를 공격한 것이 이 사건의 본질이다.

하지만 일은 우리의 뜻대로 흘러가지 않았다. 언론을 통한 윤석열 검찰의 공격이 극에 달했고, 급기야 우리는 철저히 고립되었다. 훗날 추 장관님은 유튜브 방송에 출연해 당시 심정을 토로했다. 호랑이 앞에 놓였는데 아무도 도와주지 않는 것 같았다고 말씀하셨는데, 정말 그랬다. 이 사건 이후 윤 총장은 야당의 대권 주자가 되었고 그 과정에서 윤석열 지지자들은 우리를 끝도 없이 조롱하며 악마화했으며, 우리를 도와줘야 할 사람들은 입을 닫고 침묵했다.

나는 내 힘으로 이 상황을 어떻게 할 수 없어 너무 속상했다. 태어나서 처음 부딪친 대혼란, 어떤 해결책이 있을까 절망했다. 그때의 나는 정치적 사건을 다뤄왔던 검사가 아니었고, 상대는 한마디로 선수였다. 정치를 모르고, 언론을 몰랐던 내가 할 수 있는 일은 그냥 법대로, 곧이곧대로 대응할 뿐이었다. 그러나 윤 총장은 법을 끝없이 악용했고, 여론몰이로 공격했고, 검찰을 동원하며 정치 프레임을 만들었다.

내란 사태를 일으키고도 지지자들을 선동하고, 헌재에서 뻔뻔하게 대응하고, 검찰과 재판부를 흔드는 윤석열을 보면, 그때 속수무책으로 당했던 것이 어쩌면 당연했었던 것은 아닐지 한숨이 나오기도 한다. 그때 우리는 사면초가였고, 무력했다.

윤석열과의 싸움을 어떻게든 제대로 끝내야

아마도 윤석열을 징계 청구한 직후였을 것이다. 추 장관님과 식당에서 밥을 먹을 때 장관님이 눈물을 글썽거리시며 나를 다독여 주셨다. 나중에, 언젠가는 다 알아줄 거라고, 내가 한 일을 인정받지 못한다 하더라도 단 한 사람은 알아줄 거라고, 그 한 사람이 알아준다면 보람 있지 않겠냐고….

그 사람이 누구라고 말씀하시지는 않았지만 "내가 너를 알아줄 테니까 너무 힘들어하지 말라"는 취지의 말씀이었다. 그때 그분의 목소리는 잠겨 있었고 눈에는 눈물이 살짝 비쳤다. 처음이었다. 평소에 늘 강하고 흔들림도 없던 분이기에 나는 그 모습이 잊히지 않는다.

내가 아는 추 장관님은 자신의 일에 눈물을 보일 분이 아니다. 짐작건대, 자기 때문에 힘들어하는 나를 보는 것이 더 힘들고 감정이 북받치셨던 것 같다. 자기 지시를 받고 할 일을 한 감찰담당관이 윤석열의 무차별 공격을 받으며 만신창이가 되는 모습을 보고, 법무부 장관인 자신이 지켜줄 수 없는 것에 마음이 아팠던 것 같다. 이심전심이었을까. 나는 어떤 말도 할 수 없었다. 내가 괜찮다고 할 수도, 괜찮지 않다고 할 수도 없었다. 그렇다고 장관님은 괜찮으시냐고 물을 수도 없었다. 그때, 딱 한 번 내게 심중의 말씀을 하셨는데, 추 장관님은 그런 분이셨다.

아마 추 장관님은 내가 정치를 하게 될 줄 몰랐을 것이다. 아니, 나도 내가 정치를 하게 될 줄 몰랐으니 당연하겠다. 국회의원 출마 선언을 한 후 그분이 내게 한 말씀이 있다.

"윤석열만 아니었으면 박은정 검사가 정치를 할 일도 없었을 텐데…."

그 말씀엔 안타까움이 묻어 있었다. 4년 전 윤석열 검찰과의 힘든 싸움으로 내가 검찰의 보복 수사를 받고, 결국 윤석열의 법무부에서 징계를 받아 24년 몸담았던 검찰에서 해임되었기 때문에, 다시 윤석열과 싸우러 정치권에 나온 나를 안쓰럽게 생각하셨다. 그 마음은 추 장관님과 나만 아는 어떤 것일지도 모른다.

법무부에서 처음 만났을 때 그분은 좋은 직장 상사였다. 하지만 지금 내게 추 장관님은 사선을 함께 넘어온 동지 같은 분이다. 윤석열이 헌재에서 탄핵 인용이 되기 전까지 우리가 만나면 무슨 이야기를 하든 시쳇말로 '기, 승, 전, 윤석열'이 되었다. 아마 그분도 나도 4년 전 그 시간에 머물러 있기 때문이었던 것 같다. 그때 우리가 느꼈던 그 막막하고 무력했던 감정들이 고스란히 트라우마로 남아 여전히 그 싸움을 이어가고 있다.

그때 내가 끝내지 못했던 윤석열과의 싸움을 어떻게든 제대로 끝내야 나의 삶을 다시 살 수 있을 것 같다고 생각한 것처럼 추 장관님도 나와 같은 마음이 아니었을까?

사마의의 양유건괵(亮遺巾幗)

치욕과 분노,
그런데도 이기기 위한 인내…

2022년 가을, 윤석열 총장을 감찰했다는 이유로 친정집까지 압수수색을 당하며 억울한 보복 수사를 받고 있었다. 그때 우연히 TV 드라마에서 방영되는 〈삼국지〉의 오장원 전투 장면을 보았다.

촉나라 제갈량의 10만 대군이 북벌의 교두보인 오장원에 주둔하고 그곳 백성들과 함께 농사를 지으며 장기전에 돌입했다. 위나라 군을 이끄는 사마의는 옹주 국경에서 대치하게 된다. 상대적으로 열세였던 사마의는 제갈량의 동태를 살피며 수세로 일관했다. 오장원에 염탐을 다녀온 사신이 "제갈량은 식사를 적게 하면서 크고 작은 일은 모두 도맡아 한다"고 보고하며 그가 얼마나 유능한지를 말한다. 하지만 사마의는 식소사번食少事煩, 바쁘게 일하며 몸을 혹사시키니 제갈량의 죽음이 임박했음을

친정 부모님의 시골집

알고 버티기에 돌입한다.

    열세였던 위군에게 오판은 절멸을 의미했기에 사마의는 신중했다. 하지만 국경 지역의 대치가 지속되자 그를 모함하고 전쟁을 빨리 끝내라는 황제와 조정의 압박도 커진다. 사마의의 정적들에겐 그가 촉나라와의 전쟁에서 이겨도 좋고, 전쟁에서 죽어도 좋았다. 그러던 어느 날, 제갈량이 사마의에게 선물을 보냈다. 여자 옷과 관이었다. 상례를 치르느라 집에만 처박혀 있는 아녀자처럼, 사마의가 겁에 질려 싸움을 피한다고 조롱하는 것이었다. 장수에게 여자 옷이라니, 얼마나 수치스러운가!

    사마의는 격분했으나 자신을 다스리고 상황을 이성의 힘으로 가늠했다. 제갈량의 도발이 그의 악화된 병세를 의미하며 이제 곧 끝에 다다랐다고 생각했다. 그때 그는 제갈량이 보낸 여자 옷을 입고 치욕을 감내한다. 얼마 후 제갈량은 죽고 사마의는 진격한다. 정말 극적 장면이었다. 사마의의 치욕과 분노, 그런데도 이기기 위한 인내….

치욕보다는 다음 수를 생각하는 사람

마침내 승리로 이어지는 사마의의 역사가 내게 말했다.

"양유건괵亮遺巾幗일 뿐이야."

아마도 당시 내가 처했던 상황 탓이었을지도 모른다. 2022년 6월, 윤석열이 임명한 한동훈의 법무부와 검찰은 이미 불기소 처분된 나의 사건을 재수사하기 시작했다. 윤석열 총장에 대한 감찰이 법 절차를 어겼다는 보수 단체의 고발이었다. 2021년 6월에 서울중앙지검이 '혐의 없음'이 명백하다며 불기소 처분했고, 10월에는 서울행정법원에서 윤 총장의 징계 처분이 정당했다고 이미 판시했던 사건이었다. 징계 대상자가 대통령이 되었다는 것을 제외하곤, 제반 사정과 사실관계가 달라지지 않은 사건을 재수사하는 검찰의 목적은 분명했다.

대통령이 된 그가 법원 판결을 뒤집기 위해 자기를 감찰했던 나에 대해 보복하는 수사였다. 나는 조사를 받고, 압수 수색을 당하고, 핸드폰을 빼앗겼다. 더욱이 추석 연휴를 앞두고 친정집까지 압수 수색을 하는 그들의 모욕적 행태에 치를 떨었다. 대한민국 검사로서 당당히 직무에 임했기 때문에 누구와는 다르게 핸드폰 비밀번호를 풀어주며 수사에 협조했다.

하지만 사생활이 모두 저장된 핸드폰을 그들이 살펴본다 생각하니 발가벗겨지는 듯 치욕스러웠고 억울했다. 평생을 검사로 살아온 내가, 범죄자도 아닌데 강압적 수사를 받고, 대중의 뭇매를 맞으며 손가락질을 받았다. 하지만 대통령이 된 그의 힘은 너무 강했고, 내 목소리는 너무 작았다. 그때 나는 윤석열과 한동훈의 건괵巾幗을 받았다.

2천 년 전, 사마의도 이런 기분이었을까. 누가 봐도 열세의 군대를 거느린 장수가 정적들의 따가운 눈초리와 황제의 추상같은 압박 속에서 10만 대군을 거느린 적진의 장수에게 조롱받을 때, 그는 어떤 생각을 했을까? 아마도 사마의는 치욕보다는 다음 수를 생각했을 것이다. 승자의 전략을 두었을 것이다. 사마의는 제갈량이 보낸 여자 옷을 입고 기꺼이 치욕을 감수하며 전세가 자기 편으로 기울기를 흔들림 없이 기다렸다. 생각이 여기에 미치자 나도 용기가 생겼다. 기꺼이 치욕을 감수할 용기 말이다.

facebook 2022. 9. 27

저는 지난 8월 29일 휴대폰을 압수당할 때 '비번을 풀어서' 담담히 협조했습니다. 대한민국 검사로서, 부끄럼 없이 당당히 직무에 임했기 때문에 굳이 비번을 숨길 이유가 없었기 때문입니다. 그럼에도 뭐가 부족했는지 추석 연휴를 앞둔 9월 6일, 노부모님만 거주하시는 친정집까지 압수 수색을 당했습니다. 이러한 모욕적 행태들에 대해 깊은 유감을 표합니다. 저는 "수사로 보복하는 것은 검사가 아니라 깡패일 것"이라고 주장했던 윤석열 총장의 의견에 적극 공감합니다. 다만 그 기준이 사람이나 사건에 따라 달리지지 않기를 바랄 뿐입니다.

사마의에게서 배우는 것들

나의 전쟁은 이렇게 시작되었다. 사실상 전국을 통일한 장수였던 사마의를 나에게 등치하는 것이 좀 미안하지만, 내가 혹은 내 운명에 이끌려 이 자리까지 오게 된 연유에 2천 년 전의 장수 사마의가 있었다는 것을 부인할 순 없다.

나는 이기는 것이 중요한 사람이다. 그래서 지는 싸움은 잘 하지 않는 편이다. 검찰총장 윤석열과의 싸움에서 질 것으로 생각하지 않았다. 정당성이 나에게 있었기에 내가 '이길 수 있고 해야 하는 싸움'이라 생각했다.

하지만 이길 수 없지만 해야 하는 싸움이 있고, 이길 수 있지만 하지 말아야 하는 싸움도 있다. 그때 나는 정당성을 가졌으나 상대를 몰랐다. 그는 일개 검사, 혹은 검찰총장 개인이 아니었다. 정치, 언론 그리고 검찰이 야합으로 만들어낸 정권 교체 세력의 총체였다. 나 혼자 그 세력과 맞선다는 것이 당연히 역부

족일 수밖에 없었다. 돌이켜보면 그때 나의 힘겨운 싸움은 이길 수 없지만 해야 하는 싸움이었을지도 모른다. 세상의 모든 일을 어떻게 이기고 지는 것만으로 판단할 수 있겠는가. 반드시 이겨야 한다는 승부 근성이 모든 일에서 좋은 것은 아닐 것이다. 져도 괜찮은 것이 있을 텐데….

1년 남짓 정치를 하며 사마의에게 새롭게 배우는 것이 있다. 그는 조씨 정권에서 수많은 견제를 받았지만 결국 자기 가문을 지켰다. 자기 가문을 지키고, 나라를 지키기 위한 그의 처세는 실리를 추구했다기보다는 전략적 가치를 추구했다고 생각한다. 그뿐 아니라 그가 기회를 잡을 수 있었던 것은 철저한 자기 관리로 오래 살았기 때문이 아닐까? 사마의는 73세까지 살았다. 그의 라이벌 제갈량은 52~3세까지 살았다 하니 사마의의 장수長壽는 대단한 것이다.

우리 민주주의의 체력을 길러야 한다

사마의는 언제 자기에게 찾아올지 모를 기회를 기다리며, 무모한 설레발을 경계하고 늘 건강관리를 했다. 오래 살아야 기회라는 것도 잡을 수 있지 않겠는가. 하루 세 끼 건강한 음식을 먹고, 해로운 것을 하지 않고, 나쁜 습관을 끊고, 규칙적으로 운동하고, 일정한 시간에 잠을 자고… 꾸준히 루틴을 지켰다. 그 시절 73세의 수명을 유지한 장수 비결은 일상의 평범한 규칙과 규범이었다. 사마의가 가진 전략적 가치가 마침내 승리로 이끌었던 것 아닐까.

어찌 보면 우리에게 이로운 것들은 모두 지루하고 따분하다. 빠른 결론과 승패에 이르는 것들이 많지 않다. 지금 국회의원으로서 하는 일들도 그렇다. 검찰 개혁이라는 결론에 도달하기 위해서는 시간이 필요하다. 정치권과 국민 모두가 함께 해야 하는 일이기 때문에 더욱 그렇다.

토론하고, 제도를 개선하며, 우리 민주주의의 체력을 길러야 한다. 사마의가 2천여 년 전에 그랬던 것처럼, 일희일비하지 않고 때를 기다리면 머지않아 그 꾸준함과 성실함이 빛을 발할 때가 오리라.

평사리 사람들

삶과 가족을 지키기 위해 고군분투하는 인간 군상들

인생의 책을 꼽으라면 스스럼없이 박경리朴景利 작가의 《토지》를 이야기할 수밖에 없다. 내가 이 책을 처음 만난 것은 아주 오래전 일이다. 어린 시절 방학이면 구미에 계신 증조할머니 댁에 가서 지냈다. 할머니는 그 시절에 쪽을 지고, 고무신을 신고, 한복을 입는 분이셨다. 생활을 깔끔하게 꾸리시고 늘 바르고 단정한 모습이셨다.

나는 가끔 할머니 방에서 잠들곤 했는데, 아침이 되면 할머니의 도란도란 책 읽는 목소리로 잠에서 깨었다. 잠결에 게슴츠레 눈을 뜨면 할머니는 꼿꼿한 자세로 앉아 책을 읽으셨다.

할머니가 돋보기안경 너머로 읽던 책이 바로 《토지》였다. 그 책은 세로로 쓰여 있었던 것으로 기억한다. 어쩌면 초판본이

1994년 읽은 《토지》 전권

었을 것이다. 낡고 오래된 세로 글 책, 도란도란 들리던 할머니의 목소리, 아침 냄새…. 이러한 유년의 기억들이 《토지》에 대한 첫 인연이다.

　호기심에서 증조할머니가 읽던 책을 넘겨보기도 했지만 《토지》와 사랑에 빠졌던 때는 23살이 되던 1994년이었다. 대학을 졸업하고 처음으로 사법고시 1차 시험을 치른 후였다. 1차 시험을 1996년에 통과했기 때문에 아마도 첫 번째 시험 결과에 무척 불안해했을 것이다. 나는 대구의 고향 집에서 결과 발표를 초조하게 기다렸다. 아침에는 엄마와 배드민턴을 치기도 하고, 남동생이 태워주는 자전거를 타고 도서관에 가서 책을 읽다 밤늦게 돌아오곤 했다. 하지만 막막한 미래에 걱정도 많았고 큰 기대를 하며 딸을 서울로 대학을 보낸 부모님께도 면목 없었다.

그때 《토지》를 다시 만났다. 박경리 작가가 1969년 집필을 시작한 대하소설 《토지》를 25년 만에 5부 16권이라는 엄청난 분량으로 완결했다는 소식은 대단한 화제였다. 나도 당연히 반갑게 전권의 책을 읽게 되었다. 작가가 25년이라는 긴 시간 속에서 이루어낸 성취라는 그것만으로도 내게 큰 용기가 되었을지 모른다.

첫 장을 펼치자 구한말 하동 평사리의 평원이 펼쳐졌다. 무너진 나라에서 자신의 삶과 가족이라는 공동체를 지키기 위해 고군분투하는 인간 군상들이 그곳에 있었다. 각자의 믿음과 방법으로 비극에 맞서 서로를 경계하고, 속이고, 때론 타협하며 삶을 지탱했다. 이야기는 끊임없이 인간의 비루함을 조소했고 나약함에 절망했으나 다시 의지를 발했다.

이 방대한 평사리 사람들의 역사를 쉼 없이 써내려간 작가의 인간에 대한 연민이 고스란히 담겨 있었다. 25년간 이들과 함께 울고 웃었을 작가의 고통에 나는 글을 읽음으로써 동행했다. 작가의 성실한 노동에 대한 경외심이었다.

고된 삶을 굽이굽이 살아낸 두 사람의 강한 연대감

불행한 유년 시절을 보내고 또다시 자신의 어머니처럼 혼자 딸을 키워야 했던 박경리 작가의 삶은 무척 고단하고 고독하셨던 것 같다. 더욱이 1부를 쓰던 중 암 선고를 받았는데, 그때 암이라는 병은 죽는 병이었다. 온 몸을 파고드는 고통 속에서 죽기 살기로 펜을 부여잡고, 마침내 자신의 과제를 완수해 낸 삶이 존경스러웠다. 글을 읽다 보면, 초여름 밤에 넓은 자개 상에 원고지를 펼쳐놓고 앉은 박경리 작가의 모습이 떠올랐다. 그 위에 엄마를 홀로 키우셨던 외할머니의 얼굴이 겹쳤고, 또 어느 날은 모두가 떠나버린 텅 빈 별당 툇마루에 혼자 앉아 슬픔과 치욕을 곱씹는 서희의 암팡진 눈매가 다시 겹쳤다.

내가 가지고 있는 책은 1994년 솔출판사에서 출간된 전질 16권이다. 마음이 동할 때마다 3권도 읽고, 10권도 읽고, 순서나 이유 없이 언제든지 꺼내보는데, 읽을 때마다 새롭다. 전 권에 나오는 인물들이 워낙 많다 보니 그전에 주목하지 않았던 사람들이 다음번에는 다시 보였다. 촘촘하게 엮인 이야기 속에서 모두가 각자의 삶을 충실히 살아냈지만 내가 늘 좋아했던 인물은 최서희, 그리고 이용이다.

서희는 전권의 시간을 가로지르며 등장하는 이 방대한 이야기의 주인공이다. 나는 서희가 가진 단단함이 좋았다. 엄마가 종놈이랑 눈이 맞아 도망갔지만, 아버지가 동네 소작농에게 죽임을 당했지만, 먼 친척 아재가 자기 집안을 송두리째 앗아가려 했지만 서희는 절대 물러서지 않았다. 그리고 결국 최 참판댁을 지켜낸다.

나는 서희가 보여주는 의지의 서사가 좋았다. 일제 강점기

흔한 주인공처럼 독립투사도 아니었고, 되레 자신의 목적을 위해 친일을 하는 면도 있었다. 그리고 양반의 체통을 버리는 일도 감수하고 하인 길상이와 결혼하는 결단도 내렸다. 서희의 모든 행보에는 이유가 뚜렷했고, 그 목적을 잃었던 적이 없다. 자신의 의무를 회피하지 않았고, 때론 자기 삶을 희생하며 할머니가 땅을 지키라고 당부한 과제를 평생에 걸쳐 완수해낸다.

    서희가 현실적이고 실리를 추구하는 전략가였기 때문에 필생의 과제를 완수할 수 있었다고 생각한다. 자신이 지켜야 할 가솔과 땅을 가장 중시했고, 감정에 치우쳐 판단하지 않았고, 위기관리 능력으로 자신의 한계를 명확히 그었다. 그래서 독립운동에도 자금을 대는 것 이상을 하지 않았다. 아마도 서희의 지상 과제는 '공동체를 지킨다'였을 것이다. 책임감이 강한 서희는 나와 무척 닮았다. 나처럼 INTJ였을까?

    그렇게 암팡졌던 서희도 세월이 흘러 마음을 내려놓는다. 서로 다른 길을 걷게 된 서희와 길상이 도솔암 숲속 바위에 거리를 두고 앉아 이야기를 나눈다. 내게 가장 기억에 남는 장면이다. 머리가 희끗희끗해진 길상이 서희에게 숨겨두었던 마음을 드러내자 평생 독하게 살아왔던 서희가 비로소 눈물을 흘린다. 그때 서희는 종놈과 도망쳤던 엄마의 사랑을 알게 됐을까? 박경리 작가는 이야기 끝에 사랑을 매달았다. 그리고 나는 고된 삶을 굽이굽이 살아낸 두 사람의 강한 연대감을 느꼈다. 솔바람 향기가 나는 그 장면이 서희의 삶에 의미를 부여하고 긴 이야기를 다 설명하는 장면이었다고 생각한다. 서희의 승리였다. 어쨌든 그 세월을 살아냈으니 말이다.

아무리 위세를 떨치는 악이라도 본질적으로는 어리석다

《토지》 전체 5부 중, 가장 좋아하는 부분은 1부이다. 이용과 월선의 애간장을 녹이는 로맨스 때문이다. 두 사람의 엇갈리는 사랑이 너무 애달파 작가가 참 짓궂다고 느껴졌다. 하지만 내가 용이를 좋아하는 이유는 따로 있다. 그는 책임감이 강한 성격이다.

용이는 평범했지만 소작농으로서 삶에 주어진 의무를 다했다. 어머니의 뜻에 따라 월선과 헤어져 강청댁과 물 한 사발 올려놓고 혼례를 치렀다. 강청댁이 아이를 낳지 못해도 '법으로 맺은' 조강지처를 버리지 않았고, 우여곡절 끝에 임이네에게서 아들을 얻어 대를 이을 후손을 생산했다고 한시름 놓았을 것이다. 물론 지금 정서에서 월선과의 사랑은 아무리 치장해도 불륜이고, 그는 자기감정에 솔직하지 못해 어떤 여자도 행복하게 하지 못한 무능한 남자일지 모른다.

하지만 나는 구한말의 용이가 자기희생을 통해 가족과 평사리 마을을 지켜내는 모습이 공감되었다. 그는 평사리에서 가장 책임감이 강한 인물일 것이다. 부모를 섬기고, 도덕을 중히 여기며, 공동체의 질서를 지키며 책임을 다한다. 그래서 그의 삶은 나라 잃은 백성이 스스로를 지키고 마을의 명맥을 이어가는 평사리 마을의 바탕이었다. 민초의 삶이었다.

박경리 작가는 용이의 삶으로 우리 민족의 생명력을 말하고 싶었던 걸까. 자기가 서 있는 자리에서 최선을 다하는 삶, 고단하지만 공동체의 의무를 다하는 삶, 그런 반듯한 삶들이 모인 것이 바람직한 사회 아닌가. 나는 그가 지닌 삶의 자세가 좋다.

무당의 딸로 태어난 월선의 삶은 너무 안쓰러웠지만, 월선은 불쌍하지 않았다. 자신의 존엄을 지켰기 때문에 늘 우아했고 죽을 때조차도 고왔다. 불쌍한 사람은 차라리 임이네였다. 얼굴도 반반하고 예뻤으나 끝없는 탐욕으로 패악스러운 인물이 되어 자기 아들마저 월선을 따르게 되는 불행한 삶을 자초했다. 가난해도 품위 있는 사람이 있고, 지위가 높아도 천박한 사람이 있다. 그 차이는 자기 존엄을 지키려는 노력이다. 그리고 우리는 모두 삶의 끝에서 이 질문에 답해야 하는 순간을 맞이할 것이다.

《토지》에서 박경리 작가가 이야기하는 선과 악에 대한 해석은 두고두고 곱씹게 한다. 나는 당연히 권선징악, 사필귀정의 결말을 좋아한다. 내가 읽으면서 가장 통쾌했던 장면이 악인 조준구가 자신의 수족이었던 삼수를 처단했던 부분이다. 서희의 재산을 탐하는 조준구를 위해 온갖 패악질을 일삼던 삼수였다. 하지만 조준구가 위기에 몰렸을 때 삼수는 충성심을 가장해 은근히 협박했고, 조준구는 치욕스런 요구에 응해야 했다.

조준구는 더 이상 삼수가 필요 없게 되자 일본 헌병대에 무고한다. 걸레처럼 끌려 나간 삼수는 결국 총살당하는데…. 그 장의 소제목이 '악의 생리'였다. 작가는 그 장면에서 "악은 악을 기피하는 법이다. 악의 생리를 잘 알기 때문이다"라고 일갈하며, 아무리 위세를 떨치는 악이라도 그릇된 욕망과 허위를 걸치고 있기에 본질적으로 반드시 어리석음을 가지고 있다고 말했다.

민초들이 가진 끈질긴 생명의 힘

이것이 자명한 악의 이치라 단언하는 작가의 이야기가 내겐 위로가 되었고, 지금도 내 마음 어디에 이정표로 남았다. 내가 주어진 사건을 모두, 혹은 제대로 바루지 못하더라도 언젠가는 악함이 스스로 멸할 것이라는 믿음이 되어 주었다. 그리고 이 글을 썼던 당시의 박경리 작가보다 더 나이를 먹고, 윤석열 검찰의 무도함을 경험하고, 또 12.3 내란 정국에 맞서고 있자니, 세상만사가 그렇다고 고개를 끄덕이게 된다. 너무나 강고해 보이고 천년만년 갈 것 같던 악도 결국은 본질적 어리석음으로 자멸할 것이다. 악의 본질이 그러하므로.

이 무지막지한 조준구뿐 아니라 토지에 등장하는 모든 인물과 서희조차도 자신이 알든 모르든 한계를 드러내고, 선과 악의 양면을 가지고 있다. 나쁜 사람, 좋은 사람이 따로 있지 않고, 우리 내면에 선과 악이 혼재되어 있을 뿐이라고 이야기한다. 박경리 작가의 인간에 대한 통찰이었다.

나는 가끔 평사리 사람들과 마주친다. 그들은 선하든, 악하든, 아니면 그 중간 어디에서 이리저리 기회를 엿보든, 모두 부모 무덤 앞에 '묏상 올릴' 자식을 갈망했고 어찌 되었든 제 자식에게 부쳐 먹을 땅 한 조각이라도 물려주기 위해 고군분투하는 평범한 삶에 최선을 다했다.

박경리 작가는 이 땅에서 고난의 시간을 살아낸 피의 공동체를 역설했다. 평사리 사람들과 서희가 온갖 시련을 겪고 가슴에 한을 묻으며 결국 최참판댁과 마을을 지켜낸 것처럼, 그리고 우리가 12.3 계엄을 막아내고 민주주의의 존엄을 지켜낸 것처럼, 민초들이 가진 끈질긴 생명의 힘이 이 땅 '토지'에 있다고 말해주는 것 같았다. 내겐 그 어떤 선언보다 강인한 위로였다.

"만세! 우리나라 만세! 아아 독립 만세! 사람들아! 만세다!"

외치고, 외치며, 춤을 추고, 두 팔을 번쩍번쩍 쳐들며, 눈물을 흘리다가는 소리내 웃고, 푸른 하늘에는 실구름이 흐르고 있었다.

《토지》의 마지막 구절.

마음속에 쓴 일기 10

내가 선거에 나가고
국회의원이 되었다니
나도 놀랐지만,
우리 가족은 더 놀랐다.

일을 좋아했고, 최선을 다하려고 노력을 해왔다.
의원이 되고 내가 한 일도
그렇게 나에게 주어진 일이었다.
나는 언제나처럼 최선을 다하려고 노력했다.

정치 입문 얼마 후의 모습

의원으로서의 나

서툴고 어색한,
가보지 않은 길

정치인이 되자마자, 그러니까 2024년 3월 7일부터 나는 힘들었다. 평생 해보지 않았던 일을 잘해야 했기 때문이다. 조국혁신당에 영입되자마자 총선이 열리고 선거운동을 시작했다. 유세를 다니고, 많은 사람들을 만나고, 사진을 찍고, 사람들 앞에 서야 했다. 내가 제일 못하는 것이 사진 찍히고 사람들 앞에서 말하는 것인데 그 두 가지를 잘해야 정치인이 되는 것이었다. 하루하루가 낯설었다.

    사람들은 어쩌면 의아해할지도 모르겠다. 재판정에서 법률가로서 유창하게 떠드는 내가 말하는 것을 어려워한다는 사실을. 하지만 법정에서 법률가로서 쓰는 언어와 정치인이 대중 연설을 하는 언어는 완전히 달랐다. 내가 평생을 써왔던 단어도 문

2024년 채해병 특검법 청문회 준비중
의원회관에서

법도 아니었다. 선거운동을 하는 한 달이 너무 힘들어 정치라는 이 일을 과연 오래 할 수 있을까 의구심이 들면서도 어린아이가 된 것처럼 하나하나를 배워가는 시간이었다.

    그리고 4월 10일 총선에서 국회의원이 되었다. 2024년 5월 30일, 22대 대한민국 국회가 개원하기 전까지 해야 할 일도 많았다. 우선 보좌진을 인선해야 했는데, 우리 당도 신생정당이었고, 정치권에 있지 않았던 내가 누군가에게 소개받기도 어려웠다. 무엇보다 어떤 기준으로 사람을 뽑아야 할지 그 기준도 딱히 없었다. 막막한 사막 한가운데 혼자 서 있는 느낌, 내가 이렇게 4년을 살 수 있을까?

    일상에도 변화가 생겼다. 요리를 잘하진 않지만 나는 장보기를 좋아한다. 시장에서 이것저것 제철 먹거리를 고르며 계절을 느끼는 것도 좋고, 동네 수선집에서 단추를 골라 낡은 옷을 수선하는 것도 좋아한다. 오가며 마주치는 아줌마끼리 앉아 커피를 마시며 수다도 떨고, 집에서 고슬고슬한 밥을 해 가족과 오순도순 먹는 일상이 내가 누리는 소소한 행복이었다. 그런데 선거운동으로 한 달을 보내자 나를 알아보는 사람들이 생기기 시작했다.

하루는 집 앞의 빵집에 들렀다. 그곳 주인이 나를 반기며 자신이 우리 당원이라고 인사하는 것이다. 물론, 응원해 주시니 반갑고 감사했지만 왠지 어색했다. 많은 사람들에게 얼굴이 알려지고, 내 말이 전해지고, 행동이 주목받게 되면서 일상이 서서히 사라져 갔다. 몇 번은 마스크와 모자를 쓰고 시장에 갔으나 예전 같지 않았다. 이제 내 삶이 완전히 바뀌었구나, 더 이상 편하게 장을 볼 수는 없겠구나…. 어쩌면 때늦은 각성이었다.

나 혼자 싸웠던 일들에 의미를 부여해 주었다

국회의원이 된다는 것에 대해 깊이 생각하지 않았던 것일까. 자부심을 가졌던 공직자로서의 내 삶이 잘못 평가된 것이 억울했고, 내가 겪은 경험은 윤석열 정부의 비위와 폭주를 막아내는 데에 도움이 될 것이라고만 생각했다. 그것으로 충분치 않았던 국회의원의 삶은 서툴고 완전히 낯선 것이었다.

이 낯설고 두려운 여정을 시작할 때 9명의 보좌진을 만났다.

어쩌면 운이 좋았던 것이고 또 어쩌면 하늘이 무심하지 않았던 덕분이었다. 사실, 내가 해임을 당할 때 함께 일하던 사람의 배신으로 많은 상처를 받았었다. 구체적으로 일일이 거론할 수는 없지만 평생 수사를 하던 사람이 자신이 속했던 조직으로부터 수사받았다는 것을 돌아보면 누구나 짐작할 수 있는 상황일 것이다.

내가 했던 모든 행동이 사찰당하고 왜곡되었다. 그것도 오랫동안 함께 일했던 동료들에게서 말이다. 끔찍한 경험이었다. 그리고 검찰이라는, 평생을 몸담았던 커뮤니티에서 나의 네트워크가 완전히 파탄나 버렸다. 자신의 불이익을 감수하고 누가 나에게 아는 척을 할 수 있었을까. 이해되는 측면도 있지만 내겐 하나의 세계가 완전히 무너지는 것이었다. 그랬던 나에게 좋은 사람 한 명이 오고, 그 사람이 좋은 사람을 데려오고, 또 좋은 사람을 소개해 주어서 우리 9명이 되었다.

9명의 보좌진은 모두 오래 만난 사람들처럼 손발이 맞았다. 공무원 시절 많은 사건들을 빨리빨리 결정하는 습관 탓에 일 속도가 꽤 급한데도 우리 보좌진은 나의 속도에 맞춰주었다. 그리고 무엇보다 편했다. 예전 검사실에서 3~4명의 수사관, 실무관들과 함께 지냈던 것처럼 보좌진과 함께 밥 먹고, 수다 떨고, 즐겁게 일하던 일상을 되찾았다. 일의 순서나 요령, 일정조차 아직 익숙지 않은 의정 활동에 든든한 내 편이 9명이나 생긴 것이다.

언젠가 보좌진과 회식할 때 누군가 "국회의원이 돼서 좋으

냐?"고 물었다. "그렇다"고 답했다. 생각해 보면, 그 갈림길에서 이 길을 선택했고, 아무도 없던 내게 갑자기 9명의 내 사람들이 생겼다. 그리고 이들은 내가 혼자 싸웠던 일들, 당했던 일들, 억울했던 일들에 의미를 부여해 주기 시작했다. 평생을 공직자로서 그저 성실히 살아왔던 과거와 지금 국회의원으로서 해야 하는 일들을 이어 주었다. 얼마나 행운인가.

어쩌면 억울한 채로 무너진 삶을 붙잡고 바둥거려야 했을지도 모를 시간이었다. 하지만 행운처럼 이들을 만났고, 내 삶은 다음 장으로 순항하게 되었다. 인생의 숱한 갈림길은 돌아볼 때 비로소 보인다.

3장
무도한 권력에 맞서

보복수사와 투쟁의 시작

윤석열 검찰총장에게 맞섰던 상징적 인물

보수단체에서 윤석열 감찰 과정에 위법이 있다며 나를 고발하였지만 서울중앙지검은 2021년 6월 '혐의 없음'이 명백하다며 불기소처분을 하였다. 그런데 2022년 5월 윤석열이 대통령으로 취임하자 친윤 특수통인 김후곤이 고검장으로 있던 서울고검은 갑자기 재수사 명령을 내려 나에 대한 기나긴 보복수사의 서막을 열었다.

2022년 6월 말 나는 사직서를 냈다. 윤석열정부에서 검사로 일하는 것이 더 이상 의미 없다고 생각했기 때문이었다. 법무부는 수사 중이라는 이유로 사직서를 수리해 주지 않았고 오히려 지방으로 발령을 냈다.

7월이 되어 아버지가 암 진단을 받으시고 병원에 입원하셨다. 맏딸인 나는 아버지 병간호를 하느라 아버지 곁을 지켰다. 병원 TV로 나에 대한 수사의 일환으로 법무부를 압수 수색하는 장면도 보았다. 그때까지만 해도 나는 잘못이 없으니 친윤 검찰이 윤석열에게 생색내느라 그러는 게 아닐까 의심 반 눈초리로 지켜보았다.

그러다가 얼마 있지 않아 친윤 특수통 송경호 검사장이 지휘하는 서울중앙지검 형사5부 검사와 수사관들이 우리 집을 방문하여 나의 휴대폰과 차량 등을 압수 수색했다. 그날은 비가 추적추적 내리고 아이가 코로나19에 걸려 학교를 가지 못한 날이었다. 집 앞에서 검사와 수사관을 만났다. 방안에 갇혀 있던 아이가 밖에 누가 왔냐고 여러 번 물어서 대충 둘러대면서 마음이 착잡했다.

압수 수색을 하려면 변호인이 참여해야 하기 때문에 내 변호인을 기다리느라 집 앞 놀이터 벤치에 압수 수색 나온 검사와 앉아서 이런저런 이야기를 나누었다. 나보다 한참 후배인 그 검사는 내가 만든 수사매뉴얼로 수사를 배웠다고도 했다.

휴대폰을 뺏기고 참담한 마음이 들었다. 아이들 사진밖에 특별히 그 안에 있을 것이 없는데 그걸 가져가서 뭘 하겠다는 건지…. 그러다가 며칠 뒤 2022년 9월 6일에는 추석 연휴를 앞두고 친정집에 대해 압수 수색을 하였다. 그날은 친정 부모님을 모시고 병원에 진료 받으러 가던 날이었다. 지하철을 타는데 내 변

2022년 9월 서울중앙지검 출두 당시 모습

호인으로부터 전화가 왔다. 서울중앙지검 검사와 수사관들이 친정집에 들이닥쳐 압수 수색을 하러 나왔으니 현장에 오라는 전화였다.

서둘러 집에 들러 차를 가지고 부모님의 시골집으로 갔다. 늘 가던 길이었는데 운전하는 남편은 길을 몇 번 잘못 들어 돌아 나오곤 했다. 그렇게 가는 중에 변호인이 다시 전화를 해서 검사가 집안에서 소리가 난다며 증거를 인멸하는 것 같으니 문을 부수고 들어가겠다고 한다고 했다. 부모님만 살고 계시는 집이고 부모님은 병원에 가셨는데 누가 그 안에서 소리를 낸다는 것인지 알 수 없었다.

가족에게 망신과 고통을 주어 정신적으로 무너뜨리려는 것

나는 친정집을 압수 수색한다는 소식에도 그다지 화가 나지 않았고 덤덤했는데 증거인멸이라는 소리를 듣자 몹시 화가 났다. 나도, 우리 부모님도 그런 일을 할 사람들이 아니다. 그 말은 내 부모에 대한 모독이라 생각했다. 나는 변호인을 통해 집에 아무도 없으니 꼼짝 말고 기다릴 것이며 만일 강제로 주거에 들어간다면 법적으로 문제 삼겠다고 했다.

아버지의 작은 시골집에 도착해 그들을 만났다. 마당에 모두 서보라고 했다. 증거인멸 운운한 사람이 누구인지 다그쳤는데 아무도 말하지 못했다. 그날 압수 수색으로 가지고 간 게 서류 서너 장이었을 것이다. 허탈한 일이었다.

　서울중앙지검에서 혐의없음이 명백하다고 불기소 결정을 하고, 윤석열 측에서 제기한 징계 행정소송 1심에서 모두 적법하다고 이미 판단이 난 그 감찰 과정에 대하여 도대체 무엇을 수사한다는 것인지 알 수 없었다. 그리고 수사를 하더라도 그 일이 내 친정집까지 압수 수색할 일인가? 그것은 전형적인 특수부 수사 방식이었다. 가족에게 망신과 고통을 주어 나를 정신적으로 무너뜨리려는 것이다. 윤석열은 대통령이 되어 모든 권력을 다 가지고도 무엇이 모자라 자신을 감찰했던 후배 친정집까지 압수 수색을 하는 건지 그 치졸함에 실소가 나왔다.

　이제 윤석열 측에서 본격적으로 싸움을 걸어왔으니 나는 잘 싸워야 했다. 대통령이 되는 것을 보고 더 이상 할 일이 없다고 생각했는데 한번 싸워봐야겠다는 마음이 들었다. 막다른 길이기도 했다. 부당한 보복에는 맞서 싸우는 수밖에.

　내가 싸운다는 것을 다른 사람들에게 알리는 것이 필요했다. 그 전부터 나에게 SNS를 권유한 사람들이 많았지만 맘에 내키지 않아 하지 않았는데 이제는 그걸 해야겠다는 생각이 들었다. 그래서 후배 권유로 계정만 만들어놓고 한번도 써보지 않던 페이스북에 글을 쓰기 시작하였다. 생각보다 많은 분들이 관심을 가져주고 응원하는 마음을 보내주셨다.

facebook 2022. 9. 25

안녕하세요. 박은정 검사입니다.
페이스북은 처음이라 많이 서툴고 어렵습니다만, 이제 할 말은 있는 그대로 하고자 합니다. 많은 배려 부탁드립니다.

facebook 2022. 9. 27

서울행정법원 합의 12부는 지난 2021년 10월 14일 윤석열 전 검찰총장에게 내려진 징계 처분에 대하여 '면직' 이상의 중대 비위에 해당하므로 징계처분이 정당했다고 판시하였습니다.
당시 법원은 윤 전 총장 측에서 지속적으로 주장하던 감찰 과정의 위법성 부분은 전혀 인정하지 않았습니다. 2021년 6월 서울중앙지검도 윤 전 총장 감찰 관련 보수 시민단체 등의 저에 대한 고발 사건에 대하여 혐의없음이 명백하다는 이유로 불기소하였습니다.

징계 대상자가 대통령이 된 것을 제외하고는 제반 사정 및 사실 관계가 달라진 것이 없음에도 검찰이 재수사에 착수한 것을 두고 "윤 전 총장의 징계가 정당하다는 법원의 판결을 뒤집기 위한 보복수사 아니냐"는 지적이 있습니다. 승소한 1심 변호인을 해촉한 윤석열정부 법무부의 행위도 이러한 비판을 자초한 것이라 생각합니다.

저는 지난 8월 29일 휴대폰을 압수당할 때 비번을 풀어서 담담히 협조했습니다. 대한민국 검사로서, 부끄럼 없이 당당히 직무에 임했기 때문에 굳이 비번을 숨길 이유가 없었기 때문입니다.

그럼에도 뭐가 부족했는지 추석 연휴를 앞둔 9월 6일, 노부모님만 거주하시는 친정집까지 압수 수색을 당했습니다. 이러한 모욕적 행태들에 대해 깊은 유감을 표합니다.

저는 "수사로 보복하는 것은 검사가 아니라 깡패일 것"이라고 주장했던 윤석열 전 검찰총장 의견에 적극 공감합니다. 다만 그 기준이 사람이나 사건에 따라 달라지지 않기를 바랄 뿐입니다.

서울중앙지검은 압수 수색 후 포렌식을 한 다음 나에게 출석을 강하게 압박했다. 출석요구서를 집으로 가져와 가족에게 전달하고, 나의 변호인 사무실로 수사관이 직접 찾아와 험악한 분위기에서 출석요구서를 던져놓고 갔다. 강압적이고 모욕적인 수법이었다.

    그들은 내 변호인이 다른 사건 변호 때문에 출석이 어렵다고 한 날을 출석 일자로 잡는 등 변호인의 조력을 받을 권리를 제대로 보장해주지 않으려 했고, 급기야 그 압박감 때문에 내 변호인은 사임하기에 이르렀다. 어떤 변호사도 그런 상황에서는 변호하기 어렵고, 그런 검찰의 눈 밖에 나서는 변호사 업무를 하기 어렵게 되므로 이해가 갔다. 그렇지만 나로서는 새롭게 나의 변호를 선뜻 맡아줄 변호사를 찾기도 어려웠다. 검사로 20년 이상 일한 나로서는 이해되지 않는 일처리 방식이었다.

윤석열 친위부대인 서울중앙지검은 내가 출석할 수 없는 상황을 만들어 놓고 출석에 불응한다 하면서 체포영장을 청구해 체포한 다음 구속하려는 것 같았다. 그 의심은 나중에 법무부로부터 출국금지 연장을 하겠다는 우편물을 받고는 더욱 확신이 들었다. 그렇지 않고서는 통상적으로는 우편등기나 문자로 출석요구를 하면 될 일이었다.

공정한 모습조차 보여줄 의지도 없는 검찰

그렇지만 나는 잘못한 것이 없었기에 당당히 출석하여 싸우기로 하였다. 서울중앙지검 출석일에 포토라인이 준비되어 있었고 검찰은 윤석열을 감찰한 법무부 감찰담당관이자 성남지청장이었던 중견 간부 검사를 소환하는 모습을 온 국민들에게 보여주어 모욕을 주려 하였다.

불과 몇 년 전 부장검사로 일하던 서울중앙지검에 피의자로 출석하면서 그 장면이 마치 영화 속 한 장면처럼 비현실적으로 느껴졌다. 검사들과 점심 먹으러 나와 걷던 현관문 앞 길에 수많은 카메라와 기자들이 모여 있었다.

입장문 2022. 10. 19

〈이런다고 바뀌는 것은 없습니다〉

최근 검찰이 출석요구를 하면서 제 변호인이 출석할 수 없는 일자를 고집하였고, 급기야 변호인이 사임하는 일이 있었습니다. 새로 선임한 변호인과 함께 오늘 오후 출석합니다.

저를 재수사한다 해서 윤석열 전 총장에 대한 징계가 정당하다는 법원의 판결이 뒤집히지 않습니다. 이런 식으로 출석요구하고, 휴대폰을 가져가고 친정집까지 압수 수색한다 해서 바뀌는 것은 없습니다.

분명히 말씀드리지만, 법원은 윤 전 총장 측이 지속적으로 주장하던 감찰 과정의 위법성 부분을 전혀 인정하지 않았습니다. 서울중앙지검도 혐의없음이 명백하다는 이유로 불기소처분하였던 사건입니다.

어제 윤석열 전 총장 징계 항소심 변론준비 기일이 무려 반년만에 열렸습니다. 우리 검찰에게 지금 필요한 것은 중대 비위로 징계를 받은 총장 출신 대통령이 아닌 국민 신뢰 회복입니다. 정치적 중립을 굳게 지키며 '사람에 충성하지 않고', '수사로 보복하지 말아야' 국민의 신뢰를 얻을 수 있을 것입니다.

검찰 내부에서 검찰 출신 대통령에 대해 기대하는 분들이 있습니다. 이른바 친윤 검사들입니다.

이분들 중 몇몇은 당장 영전하고 출세할 수 있겠지만 훗날 돌아오는 피해는 검찰 조직 전체가 입게 될 것입니다.

부디 검찰의 불행한 역사가 되풀이되지 않기를 바랄 뿐입니다.

2022년 10월 19일
대한민국 검사 박은정 드림

서울중앙지검은 나를 몇 차례 심야까지 조사하였으나, 잘못한 것이 없는 나를 구속하지도 못했고 더 수사를 확대해서 진행하지도 못했다. 그랬던 서울중앙지검이 온 국민이 목격한 명품가방 수수, 도이치 모터스 주가 조작 사건의 피의자 김건희에 대하여 출석을 제대로 요구하지도, 휴대폰을 압수하지도 못한 채로 보안청사에 불려가 봐주기 조사를 하는 것을 보고 나는 '검찰은 죽었다'고 생각했다.

공정하지 않아도 공정한 모습조차 보여줄 한낱 의지도 없는 검찰은 사람들의 조롱거리로 전락할 뿐임을 스스로도 알 것이다. 부끄러움조차 없는 그들은 벌거벗은 임금님 같은 윤석열과 함께 몰락할 일만 남았다.

윤석열 징계취소소송 항소심

이른바 '패소할 결심'

윤석열 정권의 황태자 한동훈의 법무부는 검찰이 나를 수사하며 마치 윤석열 감찰이 위법인 것처럼 만들자 윤석열 측이 제기한 징계취소소송 항소심에서 본격적으로 윤석열 편을 들어주고 '패소할 결심'을 하기 시작했다.

1심에서 승소한 변호인들을 해촉하고 어떤 증인도 신청하지 않았으며 준비 서면도 제대로 제출하지 않아 재판부로부터 질책을 받기에 이르렀다. 윤석열 징계소송의 1심 판결은 120쪽에 달하는 명문의 판결로, 윤 전 총장 측에서 주장하는 쟁점들을 꼼꼼하고 치밀한 논리로 판단하고 당시 윤석열에 대한 감찰과 징계가 정당하며 면직 이상의 중대 비위에 해당한다는 명징한 판단을 내렸었다.

법무부가 1심 재판에서의 소송 수행을 그대로 유지하기만 해도 뒤집힐 일이 없는 상황이었다. 법무부는 소송 수행을 제대로 하지 않고, 윤 전 총장 측에서만 증인을 무더기로 부르고 이런저런 주장을 하는데 법무부가 제대로 반박조차 하지 않는다면 항소심 재판이 이상하게 흘러갈 수도 있겠다는 생각이 들었다.

주변의 법조인들은 법리상 도저히 뒤집힐 수 없는 판결인데 설마 뒤집히겠나 말하기도 했지만 부당한 수사를 받는 내 입장에서는 그 판결이 뒤집히면 나에 대한 수사도 어쩌면 처음부터 다시 시작될지도 모르겠다는 생각이 들었다. 그래서 나는 감찰을 수행했던 내가 그 법정에 나가서 감찰과 징계의 적법성을 직접 입증하고 윤 전 총장 측 주장들을 일일이 반박하는 것이 좋겠다고 결심했다.

facebook 2023. 5. 22

〈저를 증인으로 불러주십시오〉
원고 윤석열·피고 한동훈 법무부의 재판에서 벌어지는 일들이 점입가경입니다. 윤석열 전 총장 징계 항소심에서 법무부는 1심에서 승소한 변호인들을 해촉한 데 이어 어떤 증인도 신청하지 않았습니다. 언론 보도에 따르면 법무부 측 변호인들은 준비 서면도 내지 않다가 기일 오전에 부랴부라 제출했다 합니다.

급기야 지난 기일에서는 이런 법무부 측 변호인들이 재판부로부터 강한 질책을 받았다 합니다. '짜고 치는 고스톱'이라는 비판에도 개선된 부분이 전혀 없어 보입니다. 이는 전형적인 반법치적 행태입니다.

법원에 출석한 윤 전 총장 측 증인도 '판사 사찰 문건 전달 지시의 비위가 죄가 되지 않는다'는 취지의 해묵은 주장만을 되풀이하고 있습니다. 윤 전 총장의 판사 사찰 문건 전달 지시와 채널A 사건 감찰 방해 및 수사 방해 행위는 이미 서울행정법원에서 직권남용의 중대 비위를 명확히 인정했습니다.

이게 재판입니까? 이쯤되면 국민들 보기 부끄럽지 않나요?

윤석열 전 총장과 한동훈 장관은 대한민국 법치주의를 형해화하지 마십시오. 한동훈 장관은 올해 신년사를 통해 '반(反) 법치 행위 엄단'을 법무부 중점 추진 과제로 제시했습니다. '셀프 엄단'은 바라지도 않습니다. 다만 이대로 맥을 못추고 패소할 의도가 아니라면, 당시 법무부 감찰담당관이자 주임검사였던 저를 증인으로 불러주십시오.

뭐가 그리 두렵습니까. 할 일 제대로 하는 법원을 두려워하는 사람은 오직 중대비위자 뿐일 것입니다.

법무부는 나의 증인 신청 요청에도 모르쇠로 일관했고, 2023년 12월 19일 서울고등법원은 윤석열 징계소송 항소심에서 1심을 뒤집고 윤석열 측 손을 들어주었다. 탄탄한 법리와 비위 사실에 대한 명확한 판단에 따른 1심 판결을 뒤로 한 채 어처구니없이 징계 절차의 사소한 부분을 꼬투리 잡아 윤석열에 대한 징계를 취소하였다. 그러나 항소심 판결조차 내가 수행한 감찰은 모두 적법했다고 판단을 내렸다.

해임

우리가 믿는
잔잔한 정의를 세웠던 24년

보복수사로 윤석열 독재 검찰이 소기의 목적을 달성하지 못하자 그들은 방향을 틀어 보복감찰을 하기 시작했다. 나를 수사하던 서울중앙지검은 수사 중인 사건이 아직 종결되지도 않았는데 한때 동료였던 나에 대해 보복수사도 모자라 짜 맞춘 감찰을 진행하고 검찰은 징계를 청구하였다.

 2024년 2월 초 법무부로부터 "징계가 청구되었으니 징계위원회에 출석하라"는 통보를 받고 나는 재차 사직서를 제출하였다. 통상적으로 수사 중이거나 재판 중인 경우 검사에 대한 징계는 중단된다. 2024년 법무부 국정감사에서 박성재 법무부 장관에게 내가 라임 술접대 검사들에 대한 징계를 왜 하지 않고 있냐고 물었을 때 박 장관이 "재판 중이어서"라고 대답한 것을 보면 알 수 있다. 그런 나는 기소되지도 않았기에 더더욱 징계할 수 있는 상황이 아니었으므로 그냥 깨끗하게 사직하고 싶었다. 그럼에도 박 법무부 장관, 심우정 법무부 차관은 끝내 나를 해임했다.

facebook 2024. 2. 6

1973년 11월 닉슨 미국 대통령은 자신이 워터게이트 사건과 무관하다며 다음과 같이 주장했습니다. People have got to know whether or not their President is a crook. Well, I'm not a crook.(국민은 대통령이 사기꾼인지 아닌지 알아야 합니다. 저는 사기꾼이 아닙니다.) 그러나 결국 그는 워터게이트 사건 수사방해를 지시한 것이 사실로 드러나자 하야할 수밖에 없었습니다.

얼마 전 윤석열 전 총장 징계 관련 항소심이 종결되었습니다. 2심은 면직 이상의 중징계도 가능하다고 판단한 1심과 달리, 징계위원회를 소집하고 구성하는 절차에 문제가 있었다며 윤 전 총장 손을 들어주었습니다. 지난 3년의 과정에서 피징계자는 대선에 출마해 당선되었고, 사건 관계자는 법무부 장관이 되었습니다.
그리고 이들은 사이좋게 당해 사건의 원고와 피고 측이 되었고 피고 측 법무부는 노골적으로 법치주의 형해화의 경계를 넘나들었습니다. 판결을 뒤집기 위해 1심 변호인을 해임하고, 증인 신청조차 하지 않고, 저의 휴대폰을 압수했으며, 수차례 소환과 자정 넘어까지 조사, 출국금지에 심지어 친정집 압수 수색까지 당했습니다. 암으로 투병 중이던 아버지 모습은 아직도 가슴 아픈 일입니다.

이들의 각고(刻苦)의 노력에도 불구하고 1심에 이어 항소심 역시 제가 수행했던 감찰업무는 모두 적법하다는 판단을 내렸습니다. 하지만 법무부는 상고를 포기했습니다. 검사징계법에 따르면 법원이 절차상 흠결을 이유로 검사의 징계취소 판결을 한 경우 검찰총장이 재징계를 청구해야 한다고 규정하고 있는데 '셀프패소' '직무유기'라는 거센 비난에도 그저 무작정 상고를 포기했습니다. 이른바 '패소할 결심'이 결실을 본 셈입니다.

검찰이 마음만 먹으면 흑을 백으로 바꿀 수 있다는 것은 김학의 사건 등을 통해 모든 국민이 잘 아는 사실일 것입니다. 최은순도 피해자라 주장하고, '김건희 명품가방' 역시 피해자이며, 패소할 결심으로 수사방해, 감찰 방해, 판사사찰 문건 배포 등을 덮는 행위들이 저는 'I'm not a crook'과 뭐가 다른지 모르겠습니다.

며칠 전 법무부가 저를 징계하겠다며 일방적으로 통보해 왔습니다. 저는 고발 사주로 실형을 선고받은 검사도 일찌감치 무혐의로 덮고 또 승진까지 시키는 이장폐천(以掌蔽天) 행위에 추호도 협조할 생각이 없습니다. 디올백으로 하늘을 가릴 수 없습니다. 오늘 사직서를 제출하였습니다.

"국민이 선출하고 권력을 위임했다는 이유로 모든 부분에서 예외가 될 수 있다고 생각한다면 그것은 독재로 가는 길이다. 닉슨과 미국은 되돌릴 수 없는 비극적 지점을 지났다. 대통령은 사임하라" −1973년 11월 12일 미국 시사주간지 〈타임〉

facebook 2024. 3. 4

법무부로부터 해임 통보를 받았습니다.

징계의결서를 접하고 서울, 부천, 대구, 원주와 춘천 그리고 광주까지 검사로서 지나온 24년의 삶이 아득하게 다가왔습니다. 저는 주로 교통사고, 사기, 절도, 폭력, 여성, 아동 등 민생범죄 업무를 담당했습니다. 매달 주어진 사건을 억울한 사람이 없도록 처리하고자 최선을 다했던 그저 평범한 형사부 검사였습니다.

윤석열 전 검찰총장에 대한 감찰도 마찬가지였습니다.

당시 법무부 감찰담당관으로서 보신(保身)과 명리(名利)만을 취하며 우리 검찰이 본연의 모습에서 훼절(毁折)되는 것을 지켜만 볼 수 없었습니다. 이렇게 보복을 당할 것이라 짐작했지만 그저 최선을 다했고, 대한민국 검사로서 부끄럽지 않게 일했습니다.

이런 식의 보복 징계는 결국 법원에서 취소될 것입니다.

아울러 징계 과정에 참여한 징계위원들에 대해서도 반드시 책임을 묻도록 하겠습니다.

검사로서 일한 모든 순간들이 보람있었고, 또 행복했습니다.

함께 했던 동료 선후배들과 응원해 주신 여러분, 감사합니다.

2024년 3월 6일이었다. 24년의 첫 직장 생활이 끝났다. 명예로운 퇴직이 아니라 법무부 징계위원회에서의 해임 통보였다. 내가 검사가 되어 좋아하시던 아버지의 얼굴이 떠올랐다. 임관식에 입을 정장을 다림질하시던 외할머니의 모습도 스쳐 지나갔다.

  2월 초, 사표를 냈을 때는 정치를 하리라곤 꿈에도 생각지 않았다. 24년이나 검사를 했으니 아쉬움이 없진 않았다. 더 승진하고 더 오래 했으면 좋았겠지만 윤석열이 대통령이 됨으로써 더 이상 기회가 없을 것이 명백했다. 이제 다른 길을 택할 수밖에 없지 않은가. 아쉽지만 나는 만족했다. 그동안 뚜렷하게 주목받은 사건들이 많지 않았으나 내게 주어진 사건들 하나하나 최선을 다했고 우리가 믿는 잔잔한 정의를 세웠기에 보람 있었다.

  윤석열 총장 감찰 또한 내게 주어진 많은 사건들 중 하나로, 최선을 다했다는 점에서 후회 없었다. 공직자로서 나 스스로 뿌듯했다. 그리고 그 자긍심으로 다음 삶을 견인해 가고 싶었고, 또 잘할 것으로 생각했다. 원래 변호사가 꿈이었으니 새로운 인생에 대한 기대마저 들었다. 제한적인 생활, 중과한 업무와 무채색 정장에서 벗어나 밝은 색상의 옷도 입고, 다양한 사람들과도 자유롭게 교류하고, 부모님과 가족, 친구들과 많은 시간을 보내면서 재미있게 살아야겠다, 동네 빵집 옆에 붙은 작은 변호사 사무실이면 어떨까 생각하며 막연한 꿈도 꾸었다.

마음속에 쓴 일기 11

점점 이해할 수 없는 말들이 늘어나서

나는 다시 아이처럼 말을 배워야 한다.

사람을 이해하는 일이 이렇게 어렵다는 걸

정치를 하면서 알게 된다.

그들과 내가 하는 말이 다른 언어가 아닌데,

같은 사건에 대해서 엇갈리고, 완전히 반대 편에서

말을 한다.

결국 다르다는 걸 인정하면서

지친 몸을 끌고 집으로 돌아온다.

다시 시작하려고 노력한다.

법사위 회의장에서

조국혁신당 입당

비열한 싸움도 겪었기에
누구보다 그를 잘 알고 있었다

2024년 2월 28일 징계위원회의 해임 결정을 통보받고 화가 났다. 짐작은 했지만, 막상 해임되니 억울함이 밀려왔다. 24년을 하루하루 성실히 살아온 공직자였고 잘못한 게 없는데, 왜 내가 잘려야 되지? 내가 무슨 굉장한 비위를 저지른 사람인 것처럼 되어버린 것이다. 자긍심으로 공직에 복무하며 살아왔던 삶의 마지막이 더러워졌다는 생각이 들었다.

주변 사람들은 내 잘못이 아니라고 위로했지만 공식적으로 나는 해임된 검사였고 더욱이 변호사 자격도 잃었다. 물론 소송을 하여 승소하면 될 것이다. 그러나 3년은 족히 걸릴 것이고, 그때 가서 내가 비위를 저지른 검사가 아니라고 누구 하나 관심 가져줄 것 같지 않았다. 나의 해임 소식은 언론에 도배가 되었지만 훗날 나의 승소는 기사 한 줄 나가지 않을 것이다. 억울하고 불쾌해서 참을 수 없었다.

그때쯤이었다. 조국혁신당에서 나를 찾는 것이었다. 조국 대표의 메시지도 받았으나 답변하지 않았다. 모르는 번호였고, 조국혁신당을 알지도 못했다. 특히나 조국 대표는 언젠가 강연장 먼발치에서 한번 봤을 뿐 일면식이 없었다. 검사로서 정치인이나 기업가 등과 교류하거나 구설에 오르는 행동을 해서는 안 된다고 평소에 생각했기 때문에 나에게 조국 대표는 TV에 나오는 사람일 뿐이었다. 조국혁신당에서는 나에게 직접 연락이 되지 않자 검사 출신 후배와 가족을 통해 연락해 왔다. 많은 연락을 받고도 답하지 않았던 나는 어찌 되었든 조국 대표에게는 직접 답을 드려야겠다는 생각이 들었다.

사실 법정 밖에서 나는 갈등을 피하는 편이다. 싸우기보다는 내가 손해를 보더라도 그냥 부드럽게 넘어가는 것을 선호한다. 윤석열 감찰 징계 건도 그렇다. 내가 맡은 일에 성실히 임했고 그 결과 징계위원회에 징계 청구를 했으므로 그것으로 일을 완수했고 마무리됐다고 생각했다. 그 후 대통령이 된 윤석열과 싸우는 것은 정치의 영역이지 나의 일은 아니었다. 그때 내가 윤 총장이 공직자로서 적합하지 않다고 죽을힘을 다해 이야기했음에도 국민들이 대통령으로 선택했다면 그것은 내가 어쩔 수 없는 것 아닌가. 그 사람을 참아내는 것은 국민의 몫이고, 그 싸움은 더 이상 내 일이 아니라 생각했다.

하지만 해임을 당하고 나니 너무 부당했다. 자기가 대통령 됐으면 잘 끝난 거잖아! 이제 대통령으로서 자기 일만 잘하면 되는 건데, 왜 나를 해임하는 거지? 나는 내 일을 했을 뿐인데…. 명백히 보복이었다. 그리고 너무 억울해서 이 싸움을 다시 시작해야겠다는 결심이 들었다. 내가 남은 싸움을 끝내고 윤석열 징계의 마침표를 찍어야겠다는 결심으로 내 안에서 급작스러운 변화가 일고, 각오가 돋아났다. 정말 홧김에 말이다.

윤석열 총장에게 맞선 상징적 인물

나를 아는 사람들은 정치가 내게 어울리지 않는다고 만류했다. 스스로도 그렇게 생각한다. 하지만 그때 나는 어차피 3~4년 걸려 소송을 하나, 정치판에 뛰어들어 윤석열과 싸우나, 시간도 내용도 비슷할 것으로 판단했다. 무엇보다, 내가 그를 직접 감찰했고 비열한 싸움도 겪었기에 누구보다 그를 잘 알고 있었다. 그렇다면 그와의 싸움에서 내가 무척 도움이 될 것 같았다. 그것이 내 일이고 정치라면 그 정치를 한번 해볼 수 있겠다고 생각했다. 꽤 INTJ 다운 결심이었다.

나는 만난 적도 없는 조국 대표에게 비로소 연락했다. "전화를 못 받아서 죄송하다, 그런데 한번 일해 보겠다"고 말했고, 조국 대표도 고맙다고 간단하게 답했다. 당시 우리 당에서는 검찰 개혁이라는 과제를 위해 윤석열 총장에게 맞선 상징적 인물로 나를 영입하라는 요청이 많았다고 나중에 들었다. 2024년 3월 6일 대한민국 법무부는 나를 공식 해임했고, 다음 날, 7일 조국혁신당은 나를 영입했다. 딱 일주일 만에 벌어진 일이었다. 그리고 4월 10일, 나는 대한민국 국회의원이 되었다.

조국혁신당 국민 오디션 연설 2024. 3. 16

0.7% 차이로 당선된 어떤 대통령이 있었습니다. 법조인이었던 그는 불행하게도 대통령이 하는 어떤 일도 불법이 아니다라는 왜곡된 사고에 빠져 있었습니다. 대통령은 법치의 대상이지 주체가 아니라는 사실을 망각한 채 감히 법치주의를 말하며 법 위에 군림하려고 했습니다. 그는 사건의 본질을 덮고 수사를 방해하다가 진실이 드러나자 결국 대통령직에서 물러났습니다. 워터게이트 사건으로 대통령을 사임한 닉슨 전 미국 대통령 사례입니다.

존경하고 사랑하는 국민 여러분, 당원동지 여러분!
몇 가지 여쭙고자 합니다. 여러분 최은순이 피해자입니까. 명품가방을 수수한 김건희가 정말 피해자입니까. 우문입니다. 그리고 진실이 무엇인지는 우리 모두 잘 알고 있습니다. 그러나 진실을 말하면 검찰권을 활용한 자의적 법치와 공정으로 겁박하고 국민을 모순 속에 떨게 만드는 이런 광기의 시대에 감히 법치주의를 말하며 법위에 군림하려고 하는 작금의 시대가 저 닉슨의 시대와 무엇이 다르겠습니까.

국민 여러분 그리고 당원 동지 여러분
원고 윤석열, 피고 한동훈 법무부의 재판을 기억하십니까. 이른바 패소할 결심으로 재판을 형해화하며 수사방해, 감찰방해, 판사사찰 문건 배포 등을 덮어버렸습니다. 심지어 이제는 출국금지 조치된 피의자가 외국 대사로 임명되어 백주 대낮에 당당히 출국하였습니다. 누가 이들에게 이런 권한까지 주었습니까. 국민이 선출하고 권력을 위임했다는 이유로 모든 부분에서 예외가 될 수 있다면 그것은 독재로 가는 길일 것입니다

제가 그 길목을 막아서고자 합니다. 치열하게 싸우겠습니다. 그리하여 시대의 패륜 집단을 청산하고 검찰을 윤석열의 위성정당이 아닌 인권을 수호하고 공소유지를 충실히 하는 본연의 모습으로 되돌려 놓겠습니다. 신뢰받는 국가기관으로 되돌려 놓겠습니다.

존경하고 사랑하는 국민 여러분 그리고 당원 동지 여러분

저는 가장 먼저 윤석열 사퇴 촉구안을 제출할 것입니다. 검찰의 어느 부분을 어떻게 개혁해야 하는지 잘 알고 있습니다. 반드시 해내겠습니다. 검찰을 리모델링이 아닌 구조를 완전히 뜯어서 철거하고 새롭게 다시 세울 것입니다

3년은 너무 깁니다. 윤석열 검찰 독재 정권은 조기 종식되어야 합니다. 검찰 독재 정권 심판을 위해 힘을 모아 주십시오. 함께 해 주십시오. 윤석열 전 총장이 대통령 자리에서 내려오는 날까지 그때까지 석심철장石心鐵腸의 자세로 싸우겠습니다.

마음속에 쓴 일기 12

나는 키가 작고 왜소한 편이다.

목소리는 가늘고 작은 편이었다.

가끔 내 목소리가 사람들에게 전달될 때가 있다.

이 말을 내가 하지 않으면 세상에서 사라질지 모른다고

느낄 때 나는 목소리를 낸다.

그 힘이 사람들의 상식과 진실에서 비롯된다는 것을

정치를 하고서 비로소 알았다.

용산 대통령실 앞에서

검사 윤석열

공익(Public) 개념조차 없는
정치 검사

국회 탄핵소추단에 조국혁신당 대표로 참여한 나는 지근거리의 피청구인석에 앉은 윤석열을 다시 마주하게 되었다. 물론 검찰에서 근무할 때 함께 밥도 먹었지만, 4년 전 내가 감찰할 때 대면조사에 불응해 얼굴조차 보지 못했던 그를 이렇게 가까이에서 다시 보니 많은 생각이 스쳤다. 재판이 진행되는 동안 그의 표정을 유심히 살폈다. 하지만 그는 내 시선을 회피했다.

원래 그런 사람이었다. 보기 싫은 것은 보지 않는 비겁한 사람, 거만하고 이기적 성격이 그대로였다. 재판이 진행되는 매 순간 그의 태도는 국민들을 너무나 분노하게 만들었고, 어쩌면 윤석열이라는 존재 자체가 국민들에게 폐를 끼치고 있었다. 피청구인석에 앉은 그가 거짓말을 할 때마다 나의 기억 속에 있는 그의 표정들이 떠올랐다.

그것을 글로 표현하기는 무척 어려운 일이다. 그는 제멋대로 말을 내뱉거나 거짓말을 할 때 멋쩍게 웃는 해괴한 표정들을 가지고 있다. 그 뻔뻔한 표정들을 보며 그가 오래전과 조금도 변하지 않았다는 것을 파악했다.

내가 기억하는 윤석열은 공익Public에 대한 개념이 없는 정치 검사였다. 그리고 검찰총장이 되자 직권을 남용하고 수사권을 악용하며 자신의 정치적 발판으로 삼았다. 법무부에서 함께 일하던 검사들은 그가 대통령이 되려 한다고 입을 모았었다. 그의 행보가 우리에게는 너무나 익숙한 정치 검사의 전형적 행태였기 때문이었다. 법을 수호해야 할 검찰총장이 비위를 저지르고 정치 검사 행태를 보인다면 그대로 놔둘 수는 없지 않겠는가. 그래서 나는 그를 법대로 징계해야 한다고 판단했다. 그 노력이 윤 총장과 그를 둘러싼 기득권 세력 때문에 결국 무산되어 아쉽게 되었지만….

그렇게 대통령에 당선되었으나 내가 아는 그는 한 나라의 대통령직을 잘 수행할 그릇이 아니었다. 그는 공적 마인드를 갖추고 있지 않았다. 누구라도 그에게 대통령이 되어 국민을 위해, 국가를 위해 무엇을 하고 싶으냐고 묻는다면, 그는 제대로 답하지 못할 것이다.

그가 가진 대통령의 꿈은 국민과 국가를 위한 훌륭한 업적

헌법재판소 재판정에서

에 있지 않다. 정치 검사가 평생 늘 품고 사는 상승 욕구, 더 높은 자리에 올라가고 싶다, 더 많은 권한을 가지고 싶다는 동물적 본능, 혹은 망상적 자기애 이상도 이하도 아니었을 것이다. 그는 그저 폼 나 보였기에 검찰총장도 하고, 다음엔 대통령도 하고 싶었을 것이라고 나는 생각한다.

나의 예상은 최근 밝혀진 윤석열 내란 공범 노상원 수첩에서 확인할 수 있다. 노상원이 2020년 윤석열 대통령 만들기 파일을 만들어 보관해온 것이 최근 검찰수사에서 밝혀졌다. 2020년은 법무부가 윤석열 총장과 그 측근인 한동훈 검사장, 그리고 라임 술접대 친윤 검사들의 비위 의혹을 단죄하기 위하여 고군분투하던 해이다. 윤석열, 한동훈, 라임 술접대 검사들에 대한 감찰은 당시 감찰담당관이었던 내가 직접 수행했었다. 그때도 공직자인 검찰총장이 마치 특정 세력을 등에 업은 정치 행보를 하는 것 같다는 의혹이 내내 제기되었던 것이다.

facebook 2025. 5. 21

2020년 노상원이 작성한 윤석열 대통령 만들기 파일은 무엇입니까?
검사 윤석열은 언제부터 대통령 꿈을 꾸었습니까? 대통령이라는 자신의 정치적 야망을 실현시키기 위해 2,300명의 검사들을 동원했습니까?
정치적 중립성이 중요한 가치인 검사직을 걸고 무슨 일을 벌였던 것인가요? 검사 윤석열이 했던 수사들은 다 순수했습니까? 윤석열을 대통령 만들고 황태자 노릇을 한 한동훈 검사도 이 물음에 답해야 할 것입니다.

국민의 삶을 이해할 능력도 의지도 없는

정치 검사로 살아온 그는 흔히 말하는 '메타 인지'가 안 되는 사람이다. 스스로에 대해 객관적 통찰이 부족한 사람인지라 자기가 무엇을 잘하고 못하는지도 모를 뿐더러, 자기가 누구며 무엇을 해야 하는 사람인지도 모른다. 그러다 보니 소통도 되지 않는다. 질문과 답이 어긋나는 대선 토론, 듣기 싫은 질문에는 어떻게든 보복하는 도어스테핑, 옳은 말을 하면 격노로 화답하는 대화, 그것이 부끄러운 줄도 모르는 윤석열을 우리는 보았다. 어찌 보면 당연한 결과였다. 많은 검사들이 소통할 줄 모르는 환경에서 평생을 보내는 탓이다.

검사들은 자신의 삶에 질문 당하지 않는다. 그렇기 때문에 스스로를 성찰할 기회도 없다. 더욱이 기득권층 사람들은 검사 한두 명쯤은 알아두면 좋다고 생각하기에 검사들은 어딜 가나, 동창회를 가더라도 주목받고 대접받는다. 사람들이 검찰에 느끼는 두려움이 있기 때문이다.

그러다 보니 어떻게든 검사들과 줄을 대고 싶어 하는 사람들이 있고, 스폰서에, 술 접대다 뭐다, 비위를 저지르는 검사들이 생긴다. 이 기고만장한 검사들이 막강한 전국 조직을 배경으로 일사불란하게 움직이면서 자기가 가진 수사와 기소권을 휘두르고, 잘못을 해도 처벌받지 않는 관례를 쌓아왔다.

오로지 나만 질문하는 삶, 자기를 성찰할 기회가 없는 삶, 그리고 주목받는 삶을 10년 살고, 20년 살고, 평생 살다 보면 윤석열처럼 메타인지가 안 되는 인격이 되어버리는 것이다. 메타인지가 안 되는 사람이 어떻게 소통을 잘할 수 있겠는가? 나와 대화하는 상대가 지금 무슨 마음과 생각으로 내게 이런 질문을 하는지 이해가 안 될 텐데. 또 그런 사람이 무슨 국정을 운영하겠는가? 국민의 삶을 이해할 능력도 의지도 없고, 자세도 갖추지 못했는데!

윤석열이 그런 검사들 중에서도 특수부 검사, 정치 검사의 끝판왕이었다는 것을 국민이 뒤늦게 알게 된 것이 안타까울 뿐이다.

평생 누군가를 의심하며 질문만 하고, 재판정에서는 이분법적으로 상대를 적으로 돌려 결국 내가 너를 단죄하고 깨부숴 이기리라 자만하는 사람이 대통령이 되었다. 그리고 그가 자신의 상대를 국민으로 찍었다면, 그 다음은 불 보듯 뻔한 것이었다. 윤 정권이 국민을 위해 무슨 정책을 제대로 펼친 적이 있나? 내가 본 것은 의료개혁 한다며 전공의들을 적으로 돌려 때려잡았고, 채 해병 순직사건을 조사하는 박 대령을 항명죄로 구속하려 했으며, 야당 대표에게는 수없이 많은 압수 수색을 가했다.

소통과 정치를 몰랐던 윤 정권은 집권 2년 반 동안 대한민국을 검찰수사공화국으로 만들어 놓은 것이다. 그래도 흡족하지 않았는지 이미 경찰권과 국군통수권마저 장악한 마당에 자기를 반대하는 세력을 싹 쓸어버릴 수 있는 비상계엄을 선포했다. 어쩌면 그렇게 오래전 내가 알았던 윤석열 검사와 똑같을까. 야당도, 국회도, 국민도 뜻대로 되지 않는다고 여겼다면, 군 통수권을 가진 그의 선택은 국가 폭력을 행사하는 수밖에 없었을 것이다. 직권남용, 내가 감찰했던 총장 윤석열의 비위였다. 지금 돌아보면 그렇게밖에 할 수 없는 사람이었다.

그가 머무른 곳곳마다 망가졌다

탄핵재판이 진행되고 있던 어느 날, 문득 그에게 묻고 싶어졌다. 당신이 그 정도 그릇인 것을 우리는 모두 알았는데, 그리고 아마 당신도 당연히 알았을 텐데, 하필이면 왜 대통령을 꿈꿨던 건지, 그래서 왜 이렇게 많은 사람들을 고통스럽게 만들었는지 묻고 싶었다.

그가 머무른 곳곳마다 망가졌다. 수십 년 동안 자신이 몸담았던 검찰을 망치고, 자신을 대통령으로 만들어 준 정당을 망치고, 비상계엄으로 군을 망치고, 내란 선동으로 지지자들을 망치고, 결국 헌법재판소까지 망치려 들었다. 얼마나 많은 사람들이 그에게 물들어 인생을 망치고 고통스러워져야 이 모든 것이 끝날까 생각하면 몸서리쳐진다. 국가 시스템을 망가뜨리려고 대통령이 된 건 아닐 텐데, 잘하지도 못할 것을 당신은 왜 꿈꿨나? 허심탄회한 답을 듣고 싶다.

대통령이나 정치인은 국민의 마음을 얻어야 하는 자리이다. 그런데 안하무인의 성격에 자기 말만 하고, 심기가 뒤틀리면 적으로 몰아붙이는 사람이 모두의 이해를 만족시키는 '정치'를 잘할 수 없다. 어떻게 대통령이 되었을까를 생각해보면, 역시 김건희가 있어서 가능했던 것 아닐까. 윤석열 부부의 책사로 알려진 명태균을 신뢰하지는 않지만 그가 이들을 '장님 무사와 앉은뱅이 주술사'로 묘사한 것은 고개를 끄덕일 수밖에 없다. 2022년 대선에서, 판을 짜고 대중을 움직였던 막후의 인물이 김건희와 명태균이었을 것이다.

국회 대정부 질문 2025. 4. 14

돌이켜보면 윤석열이라는 사람이 관여하는 모든 것은 망가졌습니다. 검찰은 윤석열 검찰총장에 의해 정치검찰이라는 오명을 쓰고 해체를 기다리고 있습니다. 대통령이라는 지위도 국민의힘이라는 정당도 윤석열을 대입하면 그것은 한낱 윤석열의 장난감으로 전락했습니다. 이제 법원도, 헌법재판소도 윤석열이 묻으면 순식간에 나락으로 떨어질 것입니다.

이 모든 상황을 막을 기회는 4년 전 분명히 있었습니다. 존경하는 추미애 법무부 장관님과 윤석열 검찰총장을 감찰하고 징계할 때 지금처럼 절박하게 힘을 합쳐 주셨더라면 추미애가 이겼을 것입니다. 그리고 당시 고립되어서 윤석열과 죽을힘을 다해 싸웠던 몇 명 되지 않았던 그 검사들이 이겼을 것입니다. 윤석열의 내란과 대한민국의 혼란은 어쩌면 그때부터 당연히 예정되었던 것입니다.

국회 대정부 질문

마음속에 쓴 일기 13

파면은 내 일의 결과였어야 했지만,
시간이 흐르면서 나만의 문제는 아니었다.
작은 눈덩이를 굴려 커다란 눈덩이가 만들어지듯
파면은 나의 문제에서 우리의 문제로
모두의 문제로 직면했다.
그리고 다시 나의 문제로 돌아와서 머물렀다.
법률 안에서 믿음은 설명하기 힘들지만,
삶속에서 믿음은 가끔 거대한 용기로 작동한다.

깃발 속에서 따뜻했지만
그것은 절박한 외침이었다

<한동훈특검법> 발의

'그 검사 박은정 맞나'

조국혁신당에 입당하고 정신없는 나날을 보냈다. 비례후보로 등록하고 당내 경선에서 제일 많은 득표를 받아 1번으로 선정되어 책임감이 막중했다. 우리 당은 윤석열 검찰 독재정권 조기 종식을 기치로 "3년은 너무 길다"라는 구호 아래 선거운동을 해나갔다.

윤석열의 폭압적인 국정 운영에 진저리를 치던 많은 국민들이 호응해 주셨다. 국민을 갈라치기 하고 자신의 의견과 다른 사람들에 대하여는 누구든 적으로 돌리는 전형적인 특수검사식 정치로 국민들은 서서히 지쳐갔다.

윤석열의 배우자 김건희가 최재영 목사로부터 명품가방을 받는 장면이 온 국민들에게 알려지고도 윤석열은 사과 한마디 하

비오는 용산, 대국민 호소

지 않았다. 2024년 3월 19일 나는 용산 대통령실 앞에서 윤석열을 향하여 외쳤다. 그날은 비가 왔고 그 비를 맞으며 대통령실을 향하여 소리치는 그 모습에 많은 국민들이 호응해 주셨다.

평생 검사만 했던 내가 과거 감찰했고 최고 권력자가 된 대통령을 향하여 가슴에 담아둔 말을 하는 것이 인상적이었던 것 같다. 비를 맞으며 말을 하는 내 모습을 나중에 영상으로 보고 부끄럽기도 했다. 내 모습 같지 않았고 다른 사람 같았다. 아니나 다를까 그 모습을 촬영한 모 언론에서도 영상의 제목을 '그 검사 박은정 맞나'라고 달았다.

용산 대통령실 앞에서 2024. 3. 19

조국혁신당 비례후보 박은정입니다. 조국혁신당에 대한 국민적 지지와 윤석열 독재 정권 조기 종식에 대한 국민적 열망을 담아 열심히 일하겠습니다. 국민의 슬픔과 아픔에 칼질을 하고 명품가방으로 하늘을 가리는 시대적 패륜 집단을 반드시 청산하겠습니다. 윤석열 검찰 독재 정권을 반드시 조기 종식시키겠습니다.

법 앞에 예외가 없는 〈한동훈특검법〉

22대 국회 개원 첫날, 나를 비롯한 12명의 조국혁신당 의원들은 당론 1호 법안으로 〈한동훈특검법〉을 발의하였다. 이 법은 법 앞에 예외가 없다는 국민적 상식에 따른 법안이며, 사회적 특수계급의 제도는 인정되지 아니한다는 헌법 11조에 근거한 법안이다.

　윤 정권 2년 동안 이러한 상식과 정의는 무너져 내렸다. 대통령 가족 및 측근들은 숱한 비리 의혹에도 제대로 된 수사조차 받지 않았다. 치외법권이자 언터처블인 특수 계급이 탄생한 것이다. 그 특권의 중심에 윤 정권의 황태자인 한동훈 상관이 있다. 한 장관은 2020년 4월 총선을 앞두고 여권 인사에 대한 고발을 사주하였다는 이른바 고발 사주 의혹의 혐의자이다. 또한 법무부 장관을 지낼 때 윤 총장의 징계취소소송 1심에서 승소한 변호인들을 정당한 이유 없이 교체해 결국 항소심에서 패소하도록 한 이른바 '패소할 결심'의 당사자가 법무부이다.

그전에는 이재명 민주당 대표에 대한 체포동의안 요청 이유를 설명하면서 피의 사실을 공표하고 공무상 비밀을 누설하였다는 의혹을 받았다. 아울러 검사의 수사 개시 범위를 시행령 등으로 무리하게 확대해 국회의 입법 취지를 형해화하였다는 의혹도 있다. 이러한 숱한 위법 논란에도 제대로 수사선상에 오르지조차 않았다.

딸 논문 대필과 해외 웹사이트 표절, 봉사 활동시간 2만 시간 부풀리기 의혹 등이 불거졌음에도 단 한 차례의 소환조사나 압수 수색도 없이 무혐의(불송치)라는 처분을 받은 것이 단적인 예이다. 22대 국회가 개원한 날 조국혁신당이 당론 1호 법안으로 〈한동훈특검법〉을 발의한 이유이다.

한동훈 대표와 그의 가족에게 제기된 고발이 언론에 보도된 것만 여러 건이다. 경찰이 한동훈과 그의 일가를 둘러싼 고발 혐의에 대해 무혐의 처분을 내린 과정을 보면 과연 조사가 제대로 이뤄졌을지 의문이다.

국민들은 경찰의 수사 결과를 믿지 못하고 있다. 오히려 당대표 출마 선언에 맞춰 무혐의 처분을 발표해 준 덕분에 꽃길을 깔아줬다는 비판도 있었다. 이러한 불법 비리 의혹들에 대해 조국혁신당은 22대 국회 개원과 동시에 〈한동훈특검법〉을 발의하게 되었다.

국회소통관 기자회견문 2024. 5. 30

〈한동훈특검법〉 발의는 조국혁신당이라는 쇄빙선의 출항을 알리는 신호탄입니다. 불가능해 보였던 배를 만들고 바다에 띄워주신 것은 모두 국민 여러분이셨습니다. 항로조차 가늠할 수 없었던 어둠에서 등대가 되어 가야 할 길을 비춰준 것도 국민 여러분이셨습니다. 두렵고도 가슴벅찬 항해에 나서며 국민들이 저희 조국혁신당에 보내준 믿음을 다시 생각합니다.
저를 비롯한 조국혁신당 12명의 의원들은 22대 국회 임기 동안 반민주의 상징이 돼버린 지금의 검찰독재를 반드시 종식시킬 것입니다. 역주행으로 폭주하는 윤 정권을 멈춰 세우는데 모든 노력을 다할 것입니다. 대통령의 음주 난폭운전으로부터 국민을 지키고, 그리하여 표류하는 대한민국의 민주주의를 구하겠습니다. 앞으로도 많은 지지와 질정 부탁드립니다.

파면 축하 난(蘭)

10개월 만에 돌려보낸 '파면 축하 난'

2024년 5월 31일 대통령이 국회의원 전원에게 축하 난을 보냈다. 우리 의원실로도 축하 난이 도착했다. 보낸 사람은 '윤석열 대통령'. 피가 거꾸로 솟는 이름이다.

    검찰 쿠데타를 통해 정권을 잡고, 이태원 참사에도 제대로 사과조차 하지 아니하고, 채 해병 사망 사건 수사에도 진실을 은폐하고, 국정을 거덜 내고 있는 자가 아닌가? 그리고 친윤 검찰을 이용하여 나에 대해 보복수사하고 친정집을 압수 수색하고 끝내 나를 부당하게 해임하여 검찰에서 쫓아낸 자 아닌가. 어떻게 해야 하나? 머리가 아팠다.

    어떤 의원실은 "정중히 사양한다"며 수령을 거부했고, 어떤 의원은 "난을 버립니다"라고 하였고, 어떤 의원은 '윤석열' 이름이 적힌 리본 부분을 잘라냈고, 또 어떤 의원은 "거부권을 행사하겠다. 반송할 것"이라며 축하 난을 반송했다.

윤석열은 축하 난을 보내는 것을 즐겨한다. 이를 거부하면 옹졸함으로 몰아가고 그런 언론 플레이를 즐길 것이다.

나는 어떻게 할까? 상대방의 스타일과 노림수는 모두 알고 있다. 그렇다고 기분 좋게 받을 수는 없는 일이었다. 국민의 신뢰를 받고 국정을 제대로 운영하는 것도 전혀 아니지 않는가? 고심 끝에 축하 난을 잘 키워 돌려주기로 했다.

facebook   2022. 5. 31

난은 죄가 없습니다.
잘 키워서 윤 대통령이 물러날 때 축하 난으로 대통령실에 돌려드리겠습니다.

윤석열이 보낸 난은 의원회관 내 방안에 두는 것이 싫어 보좌진들과 상의 끝에 사무실 현관 근처에 그냥 놓아두었다. 그렇지만 난이 죽으면 낭패이기 때문에 직원들이 돌아가면서 윤기가 나도록 축하 난을 잘 키웠다. 사무실에 있는 어떤 난보다도 잘 자라는 것이 신기했다. 보좌진들은 난이 있는 자리가 바람이 잘 통해 오히려 잘 자라는 것 같다고 했다. 그래도 3년을 키울 수 있을지 자신은 없었다.

3년은 너무 길었다. 우리에게도 3년은 너무 길었지만 술 마시기를 좋아하고 김건희에 충성하는 윤석열에게도 3년은 너무 길었다. 윤석열은 스스로 참지 못하고 독재를 꿈꾸며 불법 계엄을 하고 파면되었다. 2025년 4월 손꼽아 기다린 그날이 왔다.

나는 10개월 전에 받았던 '당선 축하 난'의 리본을 '파면 축하 난'으로 교체하여 윤석열의 아크로비스타로 보냈다.

10개월간 잘 키웠던 난

facebook 2025. 4. 13

윤석열의 난(亂)으로 많은 국민들이 힘들어했습니다.

난(蘭)은 죄가 없습니다.
오늘을 기다리며 잘 키웠습니다.
파면 축하 난으로 돌려드립니다

윤석열은 내가 보낸 파면 축하 난을 잘 받았을까? 경호원들에게 시켜 난을 버렸을까?

3장 무도한 권력에 맞서

한 군인과 한 검사

우리 사회에 던진 메시지는 깊었고 옳았다

국회의원이 된 지 1년이 되었다. 그동안 너무 많은 일들이 벌어져 10여 년은 지난 것 같다. 내게 주어진 일은 법제사법위원회에서 법안을 내고 법무부, 법제처, 감사원, 사법부를 대상으로 국민을 대리하여 직무수행 행위의 옳고 그름을 묻는 등 의정활동을 하고 그 외에 언론을 통해 국민들에게 국정을 알리는 것이다. 사람들 앞에서 연설을 하고 방송을 하는 일은 여전히 어렵고 낯설지만 국회 법사위에서 하는 일은 비교적 익숙하다. 국회 사무실이 검사실 같은 곳이라면 법사위는 재판정 같은 느낌이 들기 때문이다.

특히나 내가 역할을 제대로 할 수 있는 검찰 개혁에 관한 사안이나 윤석열 검찰 정권의 문제점 등을 지적하면 언론에서 주목하고 국민이 알아주셨다.

짧은 기간이었지만 윤석열이 망쳐놓은 국정만큼이나 국회도 할 일이 많았고 바빴다. 끝도 없이 이어지는 윤 정권의 비리와 검찰의 수사 무마, 그리고 반복되는 대통령의 거부권 행사로 정국은 혼란과 대립을 거듭했다.

그 많은 사건들 중에서 특별히 내 마음을 끌었던 것은 채 해병 순직사건을 수사하다 항명죄로 기소된 박정훈 대령이었다. 그는 해병대 수사단장으로서 자기 일을 성실히 수행했고, 상관의 부당한 명령에 용기 있게 임했다. 박 대령은 채 해병 순직의 실체를 밝히는 자신의 당연한 직무를 성실하게 수행했을 뿐인데 갑자기 수사 외압이 들어왔고, 그 이유가 대통령의 격노 때문이라는 것을 알게 되었다.

그는 군인으로서 한 병사의 죽음 앞에 부끄럽지 않으려 노력했다. 하지만 상명하복의 군 조직에서 그는 오히려 항명죄로 수사받고 해병대 내에서 자리를 빼앗기고 쫓겨날 위기에 처했다. 동병상련이라 해야 하나, 감찰담당관으로서 당연한 직무인 윤석열 감찰을 수행했다는 이유로 수사받고 해임당한 나는 박 대령을 지켜야 한다는 생각이 들었다.

용산 대통령실 앞에서 2024. 6. 1

존경하는 국민 여러분,

채 해병 수사 외압사건에 대한 모든 의혹이 점점 사실로 굳어지고 있습니다. 까도까도 끝없이 나오는 증거들은 수사외압의 몸통으로 윤석열 대통령을 지목하고 있습니다. 대통령 격노 상황과 임성근 사단장 구하기가 맞아 떨어진 이 우연이 여러분 이해가 되십니까? 격노한 대통령의 보안도 안 되는 전화가 스모킹건임이 결국 만천하에 드러난 것입니다.

조국혁신당은 국회에서 반드시 채해병특검법을 통과시키겠습니다. 민주주의를 압살하고 민생을 파탄낸 것도 모자라 진실을 은폐 조작하는 무도한 세력들이 반드시 처벌받도록 하겠습니다.

내 할아버지는 군인이셨다. 한국전쟁에 참전해 중위로 제대하셨다. 경상도에서 나고 자란 보수적인 분이었는데 어쩐 일인지 김대중 대통령을 좋아하셨다. 내가 김대중 대통령으로부터 검사 임명장을 받았을 때 기뻐하셨다. 그 임명장을 당신의 방에 두고 돌아가실 때까지 보고 또 보셨다는 것을 나중에 알았다. 그런 할아버지가 목숨 걸고 지켜낸 나라 대한민국에서 군인으로서 품위를 지키고자 했던 박정훈 대령은 할아버지를 떠올리게 했다.

그 일은 윤석열의 격노로부터 촉발되었다. 그것이 김건희와 관련되어 있다는 의혹이 제기되었기 때문에 특검으로 채 해병 사망 사건의 실체를 완전하게 밝혀야 했다. 박 대령이 윤 대통령의 심기를 건드렸다는 이유로 핍박받고 고립되어 결국 나처럼 되지 않기를 바라는 마음으로 채해병특검법 입법 청문회를 준비했다.

한 사람의 격노로 모든 것이 꼬였다

2024년 6월 21일 청문회에서 박정훈 대령을 처음 만났다. 박 대령은 모든 것이 법대로 진행되면 될 일이었는데 한 사람의 격노로 모든 것이 꼬이고 지금 현재 수많은 사람들이 범죄자가 되었다고 한탄하였다. 심지어 박 대령 본인은 채 해병의 억울한 죽음을 밝히려 했다가 하마터면 구속될 뻔하였다.

나는 윤석열을 감찰하였다는 이유로 보복 수사를 받은 나를 대비시키면서 박 대령이 느끼는 힘겨움을 조금은 알 것 같았다. 억울하게 수사를 받는다는 것이 얼마나 힘들고 감당하기 어려운 일인지 알기에 조금만 더 버티라고 말해주고 싶었다. 하지만 이 모든 것을 낱낱이 밝히고 박 대령의 억울함을 풀어줄 수 있는 특검법은 윤석열에 의해 번번이 거부되었다.

그때 나는 아직도 검사처럼 "내가 수사를 한다면, 어디를 압수 수색하고 누구를 체포하고…." 이런 생각들이 반사적으로 떠올랐다. 그래서 청문회 질의방식으로는 사건에 접근하는 듯하면서도, 수사 권한이 없어 실체를 밝혀내지 못하는 것 같아 국회의원의 일에 한계를 느끼고 무척 안타까웠다.

하지만 나는 윤 정권이 언젠가 스스로 무너질 것이라 생각했다. 무능한 아마추어 정권의 국정 운영은 실패할 수밖에 없었다. 그리고 그들이 할 수 있는 최선은 야당 탓, 국민 탓, 아니면 '입틀막'이었다. 자기에게 반대하는 세력과 국민을 적으로 돌리고, 급기야는 국민을 향해 총부리를 겨누게 된 것이다. 어찌 보면 당연한 수순 아닌가. 놀랍지도 않다.

하지만 그 속에서도 나는 반짝이는 것을 보았다. 박정훈 대령의 군인 정신, 그것이 우리 사회에 던지는 메시지는 깊었고 옳았다. 2024년 12월 3일, 국군 통수권자 윤석열은 자신의 비위를 덮기 위해 계엄을 선포했다. 그러나 박 대령이 던진 메시지는 용기 있는 군인들을 도왔다. 그날 밤 국회에 당도한 군인들이 상부의 불법 명령에 소극적인 이행을 함으로써 국회가 계엄을 해제하도록 이끌었다. 그리고 2025년 1월 9일, 박정훈 대령은 군사법원에서 1심 무죄 판결을 받았다.

채해병특검법 입법청문회 2024. 6. 21

지금 이 자리에서 거짓말하고 있는 증인들이 지키려는 것이 무엇이었는지 묻고 싶습니다. 보수의 가치인지, 해병대의 명예인지, 윤석열 정권 그 자체인지, 아니면 스스로인지. 그것이 무엇이건 여러분은 그것을 아무것도 지키지 못할 것이라고 말해주고 싶습니다. 우리가 지켜야 할 것은 박정훈의 군인 정신일 것이라고 생각합니다. 권력의 모진 탄압에도 굴하지 않고 법과 원칙을 지키려는 박정훈 증인의 모습에 다시 한 번 지지와 응원을 드립니다.

동물국회와 속기록

윤석열에게서 배운
막무가내 행동들

2024년 4월 총선에서 민심은 윤석열 정부를 심판했다. 그럼에도 오만한 정권은 반성하지 않았다. 여전히 국회에서 마련한 법률안에 대하여 거부권을 행사하고 일방적인 국정운영을 했다. 국민들은 더 참지 못하고 윤석열 퇴진을 말하기 시작했다.

〈윤석열 대통령 탄핵소추안 즉각 발의 요청에 관한 청원〉은 2024년 6월 20일에 국회에 제출되어 접속자가 몰리면서 국회 홈페이지 게시판 접속이 지연될 정도였다 국회에 윤석열 대통령 탄핵청원이 접수되고 며칠 만에 100만을 훌쩍 넘게 되었다.

〈탄핵 청원문〉

윤석열 대통령 취임 이후 대한민국은 총체적인 위기에 처해 있습니다. 대북전단 살포 비호, 9.19 남북군사합의 파기 등 남북관계는 충돌 직전의 상황입니다. 채 해병 특검, 김건희 특검 등에 대한 대통령의 거부권 행사로 민주주의의 근간이 흔들리고 있습니다. 윤석열은 대통령의 권력을 본인과 김건희의 범죄를 덮기 위한 방탄용으로 행사하고 있습니다.

고금리, 고물가, 고환율로 민생경제가 파탄나고 국민들은 생활고에 시달리고 있는데도 윤석열은 민생예산을 삭감하고 부자들의 세금을 깎아주고 있습니다. 윤석열이 내놓는 고령화 대책, 저출산 대책도 한심하기 이를 데 없습니다. 미국과 일본을 추종하는 사대매국 외교로 국익은 훼손되고 외교적 고립은 심화되고 있습니다. 경제, 안보, 외교, 민생, 민주 등 대한민국의 모든 분야가 총파산하고 있습니다.

이미 윤석열의 탄핵 사유는 차고 넘칩니다. 총선에서 민심의 준엄한 심판을 받은 윤석열은 국정기조를 전환할 의지가 없습니다. 대한민국을 위기로 몰아가고 반성할 줄 모르는 윤석열을 더 두고 볼 수 없습니다.
심판은 끝났습니다. 22대 국회는 윤석열 탄핵소추안을 즉각 발의해야 합니다.

국회 법사위원회에서는 대통령 탄핵 청원에 대한 청문회를 진행해야 했다. 2024년 7월 19일, 그날은 채 해병이 억울하게 죽은 지 1년 되는 날이었고, 청문회의 주된 의제가 채 해병 순직 수사 외압에 따른 윤석열 대통령의 위헌 위법 행위였다.

물불 가리지 않는 용산 친위대의 면모

무더위 속 국회 법사위원회 회의장 앞은 혼돈 그 자체였다. 국민의힘 의원들과 보좌진이 윤석열 탄핵 소추 청원 청문회를 막기 위해 법사위원회 회의장을 막으려 복도에 진을 치고 있었고, 질서 유지를 위해 나온 국회 경위들과 취재진까지, 현장은 그야말로 아비규환이었다.

온갖 고성과 막말, 쏟아지는 플래시 세례와 격투를 방불케 하는 몸짓들을 뚫기 위한 야당의 대열 맨 앞에 민주당 전현희 의원과 함께 섰다. 서로의 어깨를 잡고 회의장에 들어가는 찰나 누군가가 내 오른발을 힘껏 밟았다. 입장을 막으려는 인파가 우리를 덮친 것이다. 손쓸 겨를도 없이 전 의원과 나는 인파에 휩쓸려 중심을 잃었다. 가까스로 넘어지지 않고 버텼지만 발가락이 욱신거리기 시작했다. 어딘가에 부딪힌 전 의원의 볼도 새빨갛게 부어 있었다.

그렇게 우리는 차례로 정청래 위원장 앞으로 호명되어 나갔다. 발가락 염좌는 그리 길게 가지 않았지만 국민의힘 전신 새누리당이 20대 국회에서 만든 국회 선진화법 이후 사라진 줄만 알았던 동물국회를 다시 보게 된 것이다.

윤석열 대통령 탄핵 소추 청원 1차 청문회 2024. 7. 19

정청래 수고하셨습니다. 지금 보고에 의하면… 박은정 위원님, 아까 회의장 진입하다가 발을 다치셨습니까? 잠깐 나와 보세요. 어떻게 다치셨습니까?

박은정 (위원장석 옆에서) 밟혀서…

정청래 밟혔어요?

박은정 (위원장석 옆에서) 의무과 점심 때 다녀왔습니다.

정청래 의사는 뭐라고 합니까?

박은정 (위원장석 옆에서) 오늘 한번 계속 발라 보고 안 되면 찍으라고…

정청래 알겠습니다. 들어가세요. 국회 정식적인 회의를 위해서 회의장에 들어오는 위원들에게 이렇게 폭력을 행사해서 상해를 입히고 부상을 당하게 해서야 되겠습니까? 이런 부분은 그냥 지나갈 수 없는 일이다라는 점을 말씀드리고. 정말 생각하면 할수록, 국회선진화법 이것도 결국은 동물국회를 막고자 국민의힘 전신, 귀 당에서 주도해서 만든 건데 그 당에서 어떻게 법사위 청문회 회의를 위해서 들어오는 위원들 입장을 방해하고 이렇게 폭력을 행사할 수 있습니까?

후에 알았지만 정청래 위원장에게 부상 정도를 보고하는 내용도 상세하게 속기록에 실려 있었다. 속기록에는 의원의 모든 언행이 기록되어 국민 누구나 손쉽게 내용 확인이 가능하다. 정치체계가 고도화되면서 무력을 통한 정치적 의사 표현도 이젠 역사책에서나 볼 법한 일이라고 생각했었다. 물론 더욱 극악한 거악의 실체를 확인하는 데 그리 오래 걸리지 않았지만 말이다.

국민의힘 의원들은 자기 당의 선배 의원들이 만든 법을 형해화하는 무책임한 행태를 보인 것은 물론, 140만 명이 넘는 국민이 동의한 윤석열 탄핵 청원의 당위성마저 부인하는 막가파식의 태도를 보였다. 국민을 위해 일하는 국민의 봉사자가 아닌 윤석열의 티끌이라도 감추기 위해서라면 물불 가리지 않는 용산 친위대의 면모를 유감없이 보여줬음은 물론이다.

이날은 임무 중 순직한 채 해병의 1주기이기도 했다. 청문회가 끝나고 사무실에 복귀하며 국민이 잠시 위임한 국회의원의 공적 책무의 무게를 다시 한번 절감했다.

그들의 부정행위

김건희에 의한, 김건희를 위한, 김건희의 검찰

윤석열 정부 내내 그 배우자 김건희에 대한 논란은 끊이지 않았다. 심지어 윤석열·김건희 공동정부라는 말까지 나올 정도였다. 대통령의 배우자는 사인私人이다. 공적 지위는 남편인 대통령의 부인으로서만 갖는다.

윤석열의 부인인 김건희에 대하여 이미 대통령 취임 전부터 서울중앙지검에서 도이치모터스 주가조작 사건이 수사 중이었다. 대통령 취임 후 온 국민이 알게 된 명품가방 수수 사건이 있었고, 대통령 관저 공사업체가 김건희의 코바나컨텐츠를 후원했던 회사라는 것도 드러났다.

국민들이 김건희의 범죄 의혹에 대하여 분노하고 있음에도 친윤 검찰로 포진한 서울중앙지검은 2024년 7월 21일 김건희의 도이치모터스 주가조작 및 명품 가방 수수 혐의에 대해, 주임검사와 부장이 보안청사에 불려가 비공개 조사를 진행하는 등 봐주기 수사로 일관하였다. 당시 서울중앙지검은 검찰총장을 패싱하고 김건희 맞춤 서비스로 출장조사를 나간 것이었다.

검찰은 2016년 국정농단 사건에서 박근혜 전 대통령도 검찰청사로 공개 소환하여 조사하였다. 김건희는 대통령보다 더 안전과 보안이 필요한 특수계급인가? 나 역시 서울중앙지검에서 근무했고 윤석열 감찰 보복 수사로 수차례 조사도 받았지만 김건희 같은 특별대우는 보지 못했다.

"오후 1시 반부터 새벽까지 조사하였다" 하면서 마치 강도 높은 조사를 받은 것처럼 하지만 아침부터 조사하면 새벽까지 시간이 안 되니 오후부터 했나보다. 원래 중요 피의자 조사는 아침부터 하는 게 상식이다. 저녁식사 시간, 조서를 읽고 확인하고 수정하는 시간이 길었을 것으로 예상되므로 실제 조사는 몇 시간 안 했을 것으로 짐작된다.

주가조작 조사는 적어도 몇 차례 조사가 필요한 사안임에도 그 시간 안에 명품가방 조사까지 극한의 조사를 한 것으로 보인다. 살아있는 권력 수사 운운으로 그 자리까지 간 윤석열, 그 살아있는 권력에게 끝없이 충성하는 검찰의 비굴하고 초라한 몰골이 부끄러울 뿐이었다.

검찰이 김건희를 조사한 것이 아니라 김건희에게 불려가 조사 받은 것

검찰은 김건희가 도이치모터스 작전 세력으로부터 내부 정보를 받아 주식을 거래했고 시세 조종 목적과 통정매매 정황을 인지하고 증권사 직원과 통화한 것으로 의심되는 녹취 등의 증거도 확보하고 있다. 1억 손실을 본 가담자는 방조 혐의로 기소하면서, 13억9천만 원의 이익을 본 것으로 의심되는 범죄 혐의자 김건희에 대해서는 아무런 책임도 묻지 않았다.

또한 명품 가방을 받은 이유는 무엇일까? 언론 보도를 종합하면, 최재영 목사는 2022년 6월과 9월 시가 480여만 원 상당의 명품 가방을 주면서 김창준 전 미국 연방하원 의원의 국정자문위원 임명과 국립묘지 안장 등의 청탁을 했다.

만약 김건희가 청탁 대가로 명품 등을 받은 뒤 이를 이행하도록 지시하였다면 이는 알선수재와 직권남용죄가 될 수 있다. 아울러 이 지시를 받아 보훈처 사무관에게 부당한 지시를 하였다는 의혹을 받는 총무비서관실 공무원과 비서 등도 직권남용죄로 처벌받을 수 있다. 대통령의 가족인 김건희의 알선수재, 직권남용 등의 혐의는 공수처 수사 대상이다.

마음속에 쓴 일기 14

_____ _____

가끔 아무것도 할 수 없을 때가 있다.
거대한 벽 앞에서 무력감을 느낄 때가 있다.
나는 무엇을 할 수 있을까?
내가 서 있는 자리는 어디인가?
답답함이 가시지 않는다.
미안하다.

꽃같은 채수근 해병의 억울한 죽음을
끝까지 진실을 밝히고

좋은 곳으로 영면하시도록
노력하겠습니다.

2024. 7. 18.
조국혁신당
박은정

광화문 채해병 분향소에서

<윤석열·김건희 쌍특검법>

오직 특검만이
법치주의를 실현하는 길

2024년 7월 23일 나는 <윤석열·김건희 쌍특검법>을 대표 발의하여 각종 범죄 의혹을 엄정히 조사하고 그 진상을 신속하고 철저하게 규명하여 국민들께 보고 드리고자 했다. 쌍특검법은 △검찰총장 당시 한동훈 전 검사장에 대한 채널A 사건 감찰 방해 및 수사 방해 의혹, △판사사찰 문건 전달 행위 등 직권남용권리행사방해 의혹, △윤 대통령 부친 소유의 연희동 자택을 김만배의 누나가 김만배로부터 범죄 수익을 교부받아 매입하였다는 의혹 등 윤 대통령의 중대 비위를 수사 대상으로 명시하였다.

아울러 △삼부토건 주가조작 의혹, △명품가방 수수와 관련한 조사 과정에서 사전 보고 누락 등 검찰 관계자들의 직권남용 및 직무유기 의혹, △국방부 장관 추천, 경찰 고위 간부 인사 개입, 임성근 구명 로비, 해병대 사령관 계급 격상 시도 등 인사에 개입하였다는 의혹, △무자격 업체 21그램의 관저 증축 의혹 등 김건희의 중대 비위 및 국정농단 의혹을 더하였다.

또한 특별검사는 대통령에 대한 공소 제기가 필요할 경우 관할 지방검찰청 검사장 또는 공수처의 장에게 3일 이내에 수사기록 및 증거 등을 이관하도록 하고, 대통령 퇴직일로부터 3개월 이내에 반드시 공소 제기하고 공소를 유지하도록 규정하였다. 그리고 압수 수색에 있어서 군사상비밀, 공무상비밀과 관련한 제한 규정을 적용하지 않도록 함으로써 성역 없는 압수 수색이 이루어질 수 있도록 했고, 대통령이 특별검사를 해임할 때 국회의 동의를 얻도록 규정하였다.

〈윤석열·김건희 쌍특검법〉을 통해 특권, 특혜, 성역 없는 수사가 이루어지기를 고대하였다. 오직 특검만이 중대 비위·국정농단 등을 바로잡고 법치주의를 실현하는 길이다.

오직 검건희를 위한 검찰

윤석열 검찰은 2024년 9월 김건희의 명품가방 수수 관련 청탁금지법위반 등 사건에 대하여 무혐의 처분을 했다. 대검찰청의 수사심의위원회는 정치검찰의 거수기 노릇을 하며 무혐의 처분에 마침표를 찍어주었다. 검찰은 명품가방이 대가성 없는 감사 표시라고 발표했지만 검찰 수사 결과를 납득하는 국민은 별로 없었다. 성역 없이 수사하겠다던 기개는 어디로 가고 권력 앞에 굴종하는 비굴한 검찰의 민낯이 드러나는 순간이었다.

고액의 명품가방이 영부인 김건희 접견을 위한 입장권이라는 것인지 알 수 없었다. 검찰의 치욕스러운 결정이었고, 처음부터 다시 수사를 해야 할 사안이었다. 국정감사를 며칠 앞두고 2024년 10월 친윤 검찰로 포진한 서울중앙지검은 김건희의 도이치모터스 주가조작 사건에 대하여도 혐의없음 처분을 하였다. 윤석열정부 들어 검찰은 도이치모터스 사건에서 김건희에 대한 어떤 강제 수사도 하지 않았다. 공범들이 구속 기소되고 재판이 확정되는 동안에도 김건희에 대하여 제대로 된 수사를 진행하지 않고 급기야 말도 안 되는 이유로 불기소처분을 하였다. 검찰은 그날 죽었다.

facebook 2024. 10. 18

〈검찰은 죽었습니다〉

압수 수색 130회 vs. 0회

7만 8천원 법카에 이 잡듯이 압수 수색을 하던 검찰은 어디 갔습니까.

도이치 주가조작 피의자 김건희의 공모와 주기조작인지 여부에 대해 핸드폰, 주거지, 사무실, 컴퓨터에 압수 수색 조차 없이 무혐의를 줬다는 이창수 지검장의 답변이 놀라울 뿐입니다.

부정부패에는 성역이 없다, 반칙으로 얻은 검은 돈은 끝까지 추적하겠다던 약속도 김건희 앞에서는 속절없이 무너졌습니다.

가치는 총장이 지키고 비난은 본인이 받겠다는 말로 명품가방, 도이치 무혐의 세트를 밀어붙인 이창수 지검장은 도대체 어떻게 이 사태를 책임질 겁니까?

이런 검찰에 수사권을 주어야 합니까?

김건희 특검 찬성 비율이 점점 더 높아지고 있습니다.

검찰은 김건희를 변호하며 스스로 죽는 길을 택했지만, 특검으로 김건희에게 반드시 그 죄값을 묻고 역사의 심판대에 세워야만 합니다.

그것이 비리세력에게 빈 틈을 허용해서는 안 된다는 이창수 지검장이 말한 바이고, 반자본세력이 도이치모터스 주가조작으로 피눈물을 흘린 국민들께 사죄하는 길일 것입니다.

무자격 업체가 대통령 관저 공사를?

수십억 원의 혈세가 투입된 대통령 관저 증축 공사에도 김건희 개입 의혹이 제기되었다. 등기부등본을 통해 주거동 2층에 약 45㎡(14평)가 증축된 사실만 파악할 수 있었는데 착공 처리일은 2022년 8월 29일이고 등기부등본에 기재된 사용승인일은 9월 5일로 나타났다. 약 14평 증축 공사가 일주일 만에 이뤄졌다는 뜻이다.

코바나컨텐츠 전시의 후원사였던 21그램은 종합건설업 면허가 없어 증축공사를 하면 불법이다. 자격 없는 21그램이 대통령 관저 증축 공사를 위해 명의를 도용한 것 아니냐는 의혹 또한 제기되었다.

대통령 집무실과 관저를 청와대에서 용산으로 옮기는 과정에서 직권남용과 특혜 등이 있었는지를 2년 가까이 조사해 온 감사원은 7차례 감사 기간을 연장하더니 부실 감사결과를 내놓았다.

facebook 2024. 9. 13

〈감사원은 대통령 국정 지원기관이 맞았습니다〉

"감사원은 대통령 국정 지원기관이다"라고 답변한 감사원장의 말이 불법·조작 대통령 관저 날림 감사를 통해 다시금 확인됐습니다.

국민들을 분노케 하는 뉴스가 매일매일 쏟아지고 있습니다. 이번에도 김건희 여사가 연루된 대통령실 관저 공사 의혹 건입니다.

급하게 수의계약으로 진행된 공사는 허위와 날림의 연속이었습니다. 증축 공사 자격도 없는 21그램이라는 업체가 불법으로 증축 공사를 진행했고 최초 인테리어 공사 때부터 최근 논란이 되었던 추가 드레스룸 공사계획도 있었다고 보도되었습니다.

국가계약법상 제출해야 하는 준공검사서는 점검 없이 '만들어'졌습니다. 관저공사가 끝나고 준공검사 자체가 없었기 때문입니다. 허위공문서 작성과 직권남용 혐의 적용이 가능해 보입니다.

감사원 감사 결과, 관저의 준공검사를 건너뛰자 실제 공사 내역을 정확히 반영해 작성하는 최종 준공 도면조차 없었습니다.

김 여사 주위로 불법과 조작이 판을 치고 있습니다. 계약과 설계 없이 공사는 시작됐고, 공사가 진행된 나중에서야 공사대금 지급을 위해 형식적으로 계약서가 만들어졌습니다.

결국 대통령은 도면도 없는 불법 관저에 살고 있는 게 윤석열-김건희 정권 대한민국의 현실입니다.

이 모든 의혹이 감사원 감사를 통해 사실로 밝혀졌지만 감사원의 후속 조치는 미미하기 그지없습니다.

불법 정황이 명확한 사안들에 대해서 주의 조치로만 끝났고, 대통령실과 관저 이전 비용의 집행 과정의 불법성과 재정 낭비에 대해서는 감사조차 하지 않았습니다.

유병호를 필두로 김건희 여사 지키기에 감사원이 앞장서고 있습니다. 윤석열·김건희 정권에서는 국가 시스템이 정상적으로 작동하지 못하고 있습니다.

지난 7월 제가 대표로 발의한 김건희 특검법에는 21그램의 관저 수의계약과 증축공사 의혹 건이 적시되어 있습니다. 21그램은 김건희의 코바나컨텐츠 전시회에 후원했던 바로 그 업체입니다.

이 모든 의혹을 풀기 위해 김건희 특검법이 반드시 도입되어야 합니다.

준공검사도 받지 않은 불법 증축 건축물에 거주 중인 윤석열·김건희 부부는 당장 관저에서 퇴거하고 특검 조사에 응하기 바랍니다.

마음속에 쓴 일기 15

카메라 앞에서 사람들 앞에서
말하는 법을 배운다.
그러나 어색하고 적응되지 않는다.
앞으로도 결코 쉽게 적응되지 않을 것이다.
적응이 되고 안 되고가 중요하지 않다.
주어진 일은 마땅히 하는 게 내 신조다.

탄핵 집회에서

명태균 게이트는
국정농단의 본보기

2024년 여름을 지나 윤석열 검찰이 김건희의 명품가방 수수, 도이치모터스 주가조작 혐의에 대해 불기소처분을 할 무렵 명태균 게이트가 터졌다. 여론조사 기관인 미래한국연구소의 실질적 운영자 명태균과 윤석열 후보가 대선 기간에 총 3억 7,520만 원에 달하는 여론조사를 80회 진행했다는 의혹이었다.

    윤 후보가 명태균에게 여론조사를 임의로 의뢰하고 지지율 추이를 무상으로 보고받은 사실이 인정된다면 이전 정치인들의 정치자금법위반 사례에 비추어 정치자금법상의 '기부'에 해당할 여지가 있고 정치자금법에서 정하지 않은 방법으로 정치자금을 기부하거나 기부받은 자를 처벌하도록 규정한 정치자금법 제45조 제1항 '정치자금 부정수수죄'에 해당할 수 있다.

2018년 박근혜 전 대통령에 대하여 20대 총선에서 공천에 개입한 혐의로 징역 2년이 선고 확정된 바 있다. 공천 개입은 민주주의 근간을 흔드는 매우 중대한 범죄이다. 명태균 녹취록에는 "대통령은 '나는 김영선(이라) 했는데' 이라대" 등 윤석열과 김건희가 국민의힘 후보자 공천에 개입한 것으로 의심되는 충격적인 내용들이 들어 있었다.

나는 윤석열과 김건희의 정치자금 부정수수 의혹이나 공천 개입 의혹 등이 사실로 인정된다면 20대 대통령 당선이 무효가 될 만큼 심각하고 중대한 헌법 유린 사안이고 대통령 탄핵 사유라고 판단했다.

2021년 11월부터 대선이 있던 2022년 3월까지, 윤석열 후보에게 유리한 결과를 보였다는 미래한국연구소의 비공표 여론조사 소요일은 모두 하루였다. 같은 기간 공표한 여론조사들의 평균 조사일수가 PNR은 2일, 그 외의 업체들은 2.13일이었던 것에 반해 미래한국연구소는 불과 몇 시간 만에 조사를 끝내기도 하였다.

무작위로 전화번호를 추출하고 표본으로 삼는 RDD 방식의 여론조사에서 미래한국연구소와 시사경남이 의뢰하여 PNR이 수행한 조사는 같은 기간 여타 여론조사의 42%에 불과한 표본으로 1.5배 이상의 더 높은 응답률을 보이는 것으로 드러났다.

국회 의안과에서

대선 자체가 무효일 수 있는 국기 문란

국민의힘 대통령선거 후보자 경선이 조작되었을 가능성도 제기되었다. 새롭게 공개된 명태균 녹취에 따르면 "(ARS 조사) 땡겼어. 자, 그 다음에 진짜 돌아가는 날, 우리도 조사하면 안 되나? (우리가) 상대 지지자한테 전화하지? 그럼 글마는 (공식) 전화 받았다고 하겠지. 그 다음에, 자기 전화 받았다고 (착각하는데 공식) 전화 받(겠)나?", "비행기가 대한항공 타야 되는데 아시아나 탄 놈도 막, 우리한테 받은 놈도 막 다 올려. 개표했는데 대한항공(에는) 반밖에 안 탔네"라는 내용이 나왔다.

미리 ARS 조사를 돌려 지지 성향을 파악하고, 공식 여론조사 날에는 방해조사를 실시해 여론을 조작할 수 있다는 것으로 해석되는 명태균의 발언이었다.

    윤석열 후보가 선출되도록 경선이 조작됐다는 의혹이 사실로 밝혀진다면 대선 자체가 무효일 수 있는 국기 문란임은 물론, 윤 정권을 향한 국민의 유일한 명령은 퇴진 밖에 남은 것이 없었다.

facebook 2024. 10. 15

〈국민을 입틀막하더니 윤석열 김건희 부부는 왜 제대로 된 해명이 없습니까?〉
명태균 실소유 의혹 미래한국연구소 김 소장은 명태균이 김건희를 처음 만나 "윤석열은 장님 무사, 김건희는 앉은뱅이 주술사"라는 말로 환심을 샀다고 합니다.
오늘 명태균의 폭로로 비로소 대한민국의 진짜 권력이 누구에게 있는지 확실해졌습니다.

앉은뱅이 주술사니 무사니 하는 말에 감동한 취향을 보니 손바닥에 '왕(王)'자도 건진과 천공 논란도 이 정부가 벌인 모든 비상식적인 행태들도 설명이 됩니다.
대통령 배우자 김건희씨가 완전히 의지한다는 명태균은 2021년 6월 18일 김건희·윤석열 부부를 만나 국민의힘 입당도 시키고 발광체는 국민뿐이라는 발언도 시키고, 1등 여론조사도 해주고 그렇게 대통령을 만들어

줬다고 이야기 하고 있습니다.

세 사람이 벌인 대선 레이스에서 빚어진 불법행위는 얼마나 더 있는 것인가요?

국민을 입틀막하더니 명태균의 폭로에 윤석열·김건희 부부는 왜 제대로 된 해명이 없습니까? 명태균이 받고 있는 여론조사 조작 의혹에도 개입을 했습니까?

우리 국민은 지난 대선에서 세 사람의 팀플레이에 농락당한 것입니까?

시간이 갈수록 김건희 특검법의 수사 대상이 점점 산처럼 높아지고 있습니다.

4장
내란 그리고 파면

2024년 12월 3일 밤 10시 23분

국민의 의지가 모여
대한민국을 도운 것

그날, 나는 집에서 TV를 켜고 윤석열 대통령의 담화를 기다리고 있었다. 보좌진이 밤 10시경에 담화가 있을 것이라고 알렸기 때문이다. 10시가 지났지만 담화가 없어 보좌진과 문자를 주고받으며 '노쇼'라고 허탈해하던 찰나, 23분이었다. 계엄을 선포한다는 윤석열의 말이 TV에서 흘러나왔다.

대한민국 국민이라면 어느 누가 놀라지 않았을까. 그러나 나는 별로 놀라지 않았다. 윤석열과의 수년간 싸움에 단련이 될 대로 되어서 전쟁을 계획한다고 해도 놀랄 것이 없었다. 그러고도 남을 사람이었다. 헌법 조문을 확인하고 계엄을 해제하기 위해 서둘러 옷을 입고 국회로 갈 준비를 했다. 오랫동안 윤석열과 싸우면서 어떤 일이 터지면 감정 없이 바로바로 해야 할 일을 챙기는 게 훨씬 도움이 된다는 것을 체득했기 때문에 남편은 집에 남아 가족들을 챙기고 비상 상황이 되면 필요한 조치를 하기로 했다. 남편은 태워주지 못해 미안해했으나, 아이들과 부모님을 지키는 게 더 중요했고 당연했다. 집에서 가족이 안전하게 있어야 지금 같은 상황에서 안심하고 일할 수 있기 때문이다. 지금 나가면 이제 못만날지도 모른다는 생각을 잠깐 했지만 그런 감정을 느끼는 것은 한가한 것 같았고, 그래서 나는 일이 터진지 몇 분도 안되어 혼자 집을 뛰쳐 나섰다. 다른 의원들은 가족들이 운전을 해주고 국회 앞에서 작별 인사도 하고 배웅도 해주었다며 후일담을 말하기도 했는데 나는 혼자 움직이는 것이 더 편했다.

데리러 오겠다는 수행비서에게도 국회에서 만나자고 하고, 시간이 늦을 것 같아 택시를 타기로 했다. 계엄이 선포되어서인지 거리에 사람도 없었고 택시도 잡히지 않았다. 발을 동동 구르다 겨우 택시를 잡아타고 국회로 가자고 했다. 기사님은 계엄이 선포됐는지 모르시는 것 같았다. 먼저 도착한 보좌진들이 의원실 대화방에서 실시간으로 상황을 전해주었다. 어느 문이 열렸다, 어디로 와라, 어느 쪽 담이 낮다는 문자들이 오갔다. 어떻게든 국회 본회의장으로 들어가야 했다.

국회에 11시 29분에 도착했다. 나와 보좌진들이 정문 앞에 서자 경찰들이 막아서며 신분증을 내놔라, 국회의원이 맞냐 하면서 시간을 지체했다. 그렇게 옥신각신 싸우면서 담을 넘어야 하나 생각하는 순간, 정문이 열리고 사람들에게 떠밀려 안으로 들어갔다. 그때가 때마침 11시 37분까지 8분 동안, 조지호 경찰청장이 국회를 봉쇄하는 것이 적법하지 않다고 자체 판단하여 잠깐 문을 열어줬던 때였다.

계엄 당일 택시 영수증

계엄 포고령이 선포되고 다시 국회 정문이 봉쇄되는 그 사이에 내가 운 좋게 들어온 것이다. 본회의장으로 뛰기 시작했다. 빨리 계엄을 해제해야 한다는 생각밖에 없었다. 나는 본회의장에서, 보좌진들은 로텐더홀에서 시시각각 진행되는 상황을 문자로 주고받았다.

로텐더홀에 무장 군인들이 들어왔다, 창문을 깨뜨리고 있다, 아무래도 2층 방청석으로 들어갈 것 같다, 투시경을 쓰고 있으니 단전될 것 같다… 등등의 문자를 촬영된 동영상과 함께 보내주었다. 나는 덜컥 보좌진들이 걱정되었다. 무기 하나 없이 맨몸으로 무장군인을 막아야 하는 상황에서 보좌진들은 다치고, 나는 잡혀갈 것으로 생각했다. 무장 군인들이 국회에 무엇을 하러 들어왔겠나 자명한 이치였다.

크고 작은 의지들이 모여 무도한 계엄을 막아냈다

나는 보좌진에게 위험한 행동은 하지 말라고 지시했다. 계엄이 선포된 이상 합동수사본부가 설치되면 박은정 의원실의 보좌진은 집중적 수사 대상이 될 것이고, 잡혀가 고초를 당할 수도 있는 일이었다. 수사를 해봤고, 또 수사를 당해봤던 이의 마인드였다.

지금은 보좌진들이 그때 내가 내린 지시가 과했다 말하지만, 사실 나는 우리 중 누군가가 죽을 수도 있겠구나 겁이 났었다. 아니, 무서웠다기보다는 상황 자체가 너무나 비현실적이었다. 뭐랄까 어지럽고 긴 꿈 같았다. 현실감이 들어야 무서울 수도 있을 텐데, 너무나 긴장한 상태였기 때문에 무서울 여유조차 없었다.

그저 한 가지 생각만 머릿속을 맴돌았다. '어차피 나는 끌려가게 되겠지만, 만약 그 전에 단전이 되고 어두워지면 어딘가 숨어야겠다! 나는 몸이 작으니까 어디엔가 웅크리고 숨으면 찾지 못할 거야 그러면 남아서 윤석열에 맞서 지하방송이라도 해야겠다'고 그러고는 숨을 수 있는 몇 군데를 머릿속으로 물색했다. 본회의장 뒤편에 있는 사무처 직원들 책상 밑이 좋을까, 화장실이 좋을까… 계엄 해제를 위해 표결을 기다리는 그 1시간 가량이 길고 긴 악몽처럼 흘러갔다.

12월 4일 새벽 1시, 재석의원 190명 중 찬성 190명으로 국

탄핵을 바라는 열기는 추위도 이겨냈다

회의 '비상계엄 해제 요구 결의안'이 가결되었다. 그리고 국회의 계엄 해제가 방송을 타자 군인들이 스스로 철수하기 시작했다. 윤석열의 지시가 아니라 군인들의 의지에 의한 것이었다. 헌법재판소의 파면 결정문에서도 언급했듯, 계엄해제는 그 시간 국회로 달려와 준 시민들의 저항과 군인들의 소극적 임무 수행 덕분에 무사히 이루어질 수 있었다. 참으로 그랬다.

그날 우리는 밤을 꼬박 새웠다. 하지만 나는 잠을 못 잤다는 생각조차도 들지 않았다. 가까스로 우리가 계엄을 해제시켰지만 무자비하고 잔인한 윤석열이 이렇게 쉽게 내란을 끝내지는 않을 것으로 예측되었다. 앞으로 우리나라에서 어떤 일이 벌어질지 더더욱 두려워졌다. 국회는 계엄 해제 이후 한층 더 긴장감이 돌았고, 우리 당은 비상 체제에 돌입하며 국회에서 숙식했다. 2차 계엄이 예상됐기 때문이다. 나는 방송과 법사위원회에서 필사적으로 2차 계엄을 경고했다.

다행히 국회 앞으로 빛의 물결처럼 모여든 국민의 간절함으로, 위험천만했던 2차 계엄이 저지되고 대통령의 탄핵이 소추되었다. 그 후 국회 청문회와 언론의 취재, 수사기관의 조사로 2024년 12월 3일 밤 10시 23분의 비화들이 속속 드러나면서 윤석열과 내란 가담자들의 계엄 시나리오가 얼마나 무섭고 잔인한 것이었는지 다시 한번 우리의 간담을 서늘케 했다. 그리고 얼마나 많은 크고 작은 의지들이 모여 그 무도한 계엄을 막아냈는지도 알게 되었다. 나는 그 의지들이 바로 천운, 하늘이 대한민국을 도운 것이었다고 생각한다.

facebook 2024. 12. 7

〈대한민국 국회가 윤석열 탄핵을 위한 시민 항쟁의 구심점이 되겠습니다〉
국민 여러분,
이제 시작일 뿐입니다.

내란의 군홧발이 국회를 엄습한 그날, 우리는 뜬눈으로 밤을 새웠고, 일상의 소중함과 민주주의의 가치를 경험했습니다. 담을 넘어 등원하는 의원들의 손을 잡아주고, 무장군인의 허리춤을 잡고, 장갑차를 막아선 것은 우리 시민이었습니다.

국민 여러분!

야당과 국회에 힘을 모아주시기 바랍니다. 그 어느 때보다 절실합니다.

이 나라의 주권자가 누구인지 위정자들에게 똑똑히 보여주십시오. 국회가 민의를 모으는 항쟁의 구심점이 되겠습니다.

위대한 국민과, 국민의 국회가 함께 하겠습니다.

민주주의를 부정한 위정자들이 딛고 있을 한 치의 공간도 남겨놓지 않도록 그 역할을 다하겠습니다.

수괴를 법정에 세우고 반드시 그 죗값을 묻겠습니다.

마음속에 쓴 일기 16

삼국지의 영웅호걸에게는 저마다의 그릇이 있다.
더 큰 그릇의 사람을 만나면 서로를 존중하며 진심을 다한다.
스스로의 그릇을 알아보는 것만큼 중요한 건 없다.
자신의 그릇을 잘못 판단하면 반드시
전투에서 패하고 사라진다.
유비는 제갈량에게 그랬기에 군사를 얻었고,
여포는 조조에게 그랬기에 목숨을 잃었다.
자신의 그릇을 짐작한다는 건 참으로 어려운 일이다.

국회 법사위 회의장에서

대통령 탄핵 소추

어설픈 정치 검사가
대통령 자리에 올랐을 때

국회의 팽팽한 긴장감과 촛불집회에 나온 사람들의 염원 속에서 대통령 탄핵 소추안이 가결되었다. 직무가 정지된 윤석열은 관저에 틀어박혀 지지자들을 부추겼고 대통령 경호실은 공권력을 불법으로 저지해 내란 범죄 혐의자를 구속하는 일조차 어려웠다.

그의 행태는 4년 전 내가 당했던 것과 너무나 닮아 있었다. 당시 윤 총장은 자신이 부당한 징계를 받고 있다고 언론 플레이를 했지만 정작 나의 감찰 조사에는 응하지 않았고, 징계위원회에도 나타나지 않았다. 대신, 법무부에서 내린 직무집행정지 명령에 대해 행정소송을 하며 교묘히 법 기술을 부리고, 이를 추-윤 갈등이라는 프레임으로 정치화시키며 징계위원회 위원들을 하나하나 흔들어댔다. 그때의 윤 총장도 똑같이 자신이 저지른 비위에 대해 반성은커녕 법 절차를 따지고 방어권을 주장하며 온갖 법 기술로 진실을 비켜갔다. 그리고 법정에 서기보다는 언론과 여론을 선동하고, 보이지 않는 곳에서 추미애 장관이나 징계위원들을 흔들었다.

돌이켜보면 그때 나는 그의 감찰과 징계를 좀 쉽게 여겼던 것 같다. 정치를 잘 몰랐던 내 눈에 그는 비위를 저지른 정치 검사였고, 더군다나 법리만 따진다면 이 징계 사건에서 그의 잘못은 명백했다. 나는 당연히 그가 징계되고, 행정소송에서도 이길 수 있으리라 믿었다. 정치인이 아니라 법률가였던 내가 법대로 하면 이길 것이라 생각하는 건 어찌 보면 당연했다.

하지만 내가 상대하는 이의 실체를 전부 알지 못했다. 계엄과 탄핵 소추의 과정을 겪으며 윤석열이라는 사람 뒤에 이해관계를 함께하는 언론과 정치 세력이 또아리를 틀고 있었음을 분명히 알게 되었다. 그리고 4년 전 내가 그 거대한 세력과 홀로 싸웠다는 사실에 스스로도 놀랐다.

윤석열을 아는 내가 싸움의 선봉에 서야 했다

윤석열 측은 끝도 없는 회피와 뻔뻔함으로 국가기관에서 진행하는 절차들을 조롱했다. 헌법재판소의 서류를 받지 않았고, 공수처와 경찰, 심지어 검찰의 수사마저도 무시로 일관했다. 그의 머릿속에는 헌법이 정한 법 앞의 평등도, 형사사법 체계의 적법

절차도 없었다. 한남동 관저에 숨어 공수처의 체포영장 집행을 방해하는 불법행위가 전 세계에 송출되며 실시간으로 국격이 추락했다.

나는 2년 전 윤석열 정권의 황태자인 한동훈 법무부 장관이 국회에 나와 민주당을 향하여 "법원이 발부한 영장을 힘으로 막는 건 범죄의 영역"이라고 말한 것을 윤석열을 향하여 돌려주었다.

탄핵재판과 윤석열에 대한 수사기관의 수사가 본격화되면서 윤석열을 아는 내가 국민들께 설명을 드리고 앞장서서 싸움을 해야겠다고 다짐했다. 4년 전 실패를 다시 하고 싶지 않았고, 그래야 나도 스스로에게 부끄럽지 않을 것 같았다.

국회 탄핵소추단에 참여하고 그동안 띄엄띄엄 하던, 그나마 하기 싫어했던 방송을 적극적으로 해야겠다고 생각했다. 방송은 긴장도 많이 되고 준비할 것도 많아 그동안은 꼭 필요한 경우에만 출연했지만 윤석열이 파면되고 구속재판을 받을 때까지는 내가 호루라기를 부는 심정으로 나서야겠다고 마음먹었다. 사람들이 많이 보는 방송에 자주 나가 윤석열의 행태와 전략을 짚어주고 수사기관이 해야 할 일과 방향을 나름대로 설파했다.

정청래 위원장이 이끄는 법사위원회와 탄핵소추단 활동도 매우 중요했다. 4년 전에는 아무도 도와주지 않았지만 이제는 국회도 시민사회도 언론도 함께 해주어서 정말 격세지감을 느꼈다. 나는 윤석열과의 싸움에 함께 해주는 모든 사람들이 너무 고마웠다. 4년 전 외로움을 한꺼번에 보상받는 느낌이었다.

수육은 되고, 출석요구서는 안 되는 용산 배달시스템

12.3 내란 바로 다음 날, 용산 안가에 수육과 술이 배달되었다는 증언이 나왔다. 1차 탄핵 시도로 내란의 여파가 극에 달했던 6일에는 용산 청사에 장어 56kg이 배달됐다는 의혹도 있었다.

법적·정치적 책임을 다하겠다고 했음에도 헌법재판소의 탄핵심판 출석요구서는 수취 거부로 미배달 상태에 있는 상황과 대조적이었다. 과연 용산은 정상적 국가기관이 맞는 것인가? 용산에 장어와 수육, 술은 배달되지만 헌법기관의 탄핵심판 청구 접수통지와 준비절차 회부결정서, 기일 통지, 출석요구서와 같은 문건은 배달조차 할 수 없는 상황인 것이다.

내란 의도가 없었지만 국민들께 죄송하다는 내란 수괴의 거짓 변명을 송출하는 전파가 아까울 지경이었다.

내란 수괴 윤석열은 부하들이 모두 구속된 상황에서 자신만은 따뜻한 관사에서 무기로 무장한 채 적법한 체포영장을 거부했다. 내란 수괴에게 저 호화로운 관저는 사치이다. 사형과 무기징역으로 중형을 선고받을 중범죄자에게 국민들의 세금으로 술과 음식, 경호가 제공되는 것도 어이없는 일이었다.

세상 어디에 국민을 향하여 총부리를 겨눈 쿠데타 우두머리를 한 달이 넘도록 가두지도 않고 자유롭게 놔두는 나라가 있을까. 국민의힘 사람들은 또 어떤가. 내란 수괴에 대한 체포영장을 막겠다고 인간 방패 노릇을 하고 있었다. 나는 정치한 지 이제 1년이 되었다. 정치가 아무리 그렇다해도 극우 태극기 부대의 지지를 받고 싶어 내란을 저지른 범죄자를 비호할 수 있을까? 그래야 다음에 국회의원 한 번 더 할 수 있다고 이 추운 날 거리에서 촛불을 들고 있는 국민들을 배신하고 윤석열을 지키는 것인가?

내란을 옹호하고 윤석열을 지키겠다는 국민의힘은 위헌정당으로 해산해야 하는 것이 맞다. 채 해병 순직의 억울함도, 12.3 내란도, 김건희-명태균 게이트도, 이태원 참사도, 도이치모터스 주가조작과 디올백도, 내란 정부가 일으킨 모든 비상식적인 국기 문란의 죄에 대하여도 국민의 이름으로 죄값을 분명히 물을 것이다.

2025년 새해가 밝았고, 윤석열 대통령에 대한 탄핵심판 첫 기일에 헌법재판소에 출석하며 나는 만감이 교차했다.

윤석열 탄핵심판 첫 기일 헌법재판소에서　2025. 1. 14

〈12.3 내란의 진실을 관저의 어둠 속에 영원히 가두어 둘 수는 없습니다〉

윤석열 대통령 탄핵심판 기일에 국회 소추단의 일원으로 이

자리에 서게 되어 만감이 교차합니다.

4년 전 자신에 대한 감찰과 징계 절차에 제대로 협조하지 않았던 피청구인은 오늘 탄핵심판 기일에도 관저에 숨어서 출석하지 않고 대한민국의 법치주의를 무너뜨리고 있습니다.

피청구인이 관저에 숨는다고 12.3 내란의 진실이 영원히 묻힐 수는 없습니다. 너무 많은 직접 증거들과 내란의 밤을 비추던 영상들과 국민들의 울부짖음이 헌법재판소에 쌓일 것입니다. 진실을 영원히 관저의 어둠 속에 가두어 둘 수 없습니다.

저희 국회 탄핵소추단은 피청구인의 민주주의 파괴, 헌법 파괴의 진실이 파묻히지 않도록 혼신의 노력을 다하겠습니다.

그날 故 조영래 변호사를 떠올렸다. 대학에 입학한 새내기 대학생에게 법조인의 꿈을 꾸게 해주었던 그분의 유작 《진실을 영원히 감옥에 가두어 둘 수 없습니다》를 따온 발언을 하면서 지나온 일들이 떠올랐다. 내가 대학시절 헌법을 배우고, 검사가 되고 윤석열 총장을 감찰하게 되고… 그 일련의 일들이 주마등처럼 지나갔다.

사법시험 과목으로 공부했던 추상적인 헌법이 생생한 실체로 내 눈앞에 놓여 있었다. 얼마나 소중한가. 1987년 피 흘리며 세운 헌법이 있기에 1990년 법대생이 되어 내가 그것을 배웠고 내란을 일으킨 최고권력자를 마침내 그 헌법으로 법정에 세울 수 있게 되어 정말 다행이라 생각했다. 민주주의와 헌법을 온몸으로 실감하는 순간이었다.

우리 국민은 얼마나 위대한가. 4년 전 적법 절차로 진행된 감찰과 징계를 회피하던 검찰총장과의 싸움은 외롭고 험난했다. 그 검찰총장이 이제는 그 헌법의 그물에 걸려 결코 빠져나갈 수 없게 되었다는 사실이 가슴 뿌듯하게 다가왔다. 건강을 해치고 잠들지 못했던 날들, 나와 남편을 옥죄던 친윤 검찰과의 싸움 그 모든 게 비로소 끝나겠구나 안도했다.

다음날 공수처는 윤석열을 관저에서 체포했다. 경호처를 사병처럼 내세우고 체포영장 집행을 막아서더니 공수처 검사에 의해 기어이 체포되었다.

12.12 군사반란과 12.3 내란

군사반란 세력은
반드시 법의 심판을 받을 것

12.12 당시 특전사령관 정병주는 계엄군을 막다가 총격을 당했고, 12.3 내란의 특전사령관 곽종근은 국회의원을 잡아 끌어내라는 수괴의 명령을 충실히 이행하려 하였다. 보안사령관 전두환은 하나회 수장으로 12.12를 기획·획책했고, 방첩사령관 여인형과 충암파 김용현은 12.3 내란의 주모자이다.

김용현은 박정희를 존경했는지 내란을 구국의 일념으로 포장했고, 여인형은 전두환을 존경했는지 방첩사에 전두환 사진을 내걸었다. 김용현과 여인형은 야당 정치인의 체포·구금을 지시하고 행방을 알 수 없는 곳으로 연행하려 하였다.

신군부는 헬기 사격을 지시했지만 끝까지 부인하였다. 내란 수괴 윤 대통령은 "의결 정족수가 아직 차지 않은 것 같다. 문을 부수고 들어가 밖으로 끄집어내라"라고 지시한 것이 확인되었다.

이순자는 29만 원밖에 없다는 전두환을 민주주의의 아버지라 칭했지만, 주가 조작으로 돈을 벌었다는 김건희는 윤석열을 믿고 비위를 저질렀다. 전두환의 KBS와 윤석열의 KBS 모두 정권의 나팔수가 되었다.

노태우는 전두환이 직선제에 반대하는 모습을 연출하길 원했을 것이고, 한동훈은 윤석열이 국정에서 물러나는 모양새를 원하였다. 전두환의 권력은 노태우에게 넘어갔지만, 윤석열에서 한동훈으로 권력이 넘어가는 일은 결코 없어야 했다. 모든 국민이 충암파와 특수부 신검부의 실체를 똑똑히 보았기 때문이다.

1995년 서울지검은 전두환·노태우를 불기소 처분했다. 성공한 쿠데타를 처벌할 수 없다는 해괴한 논리였다. 검찰이 내란죄 수사에서 손을 떼야 하는 원죄이기도 하다. 윤석열 검찰도 김건희의 명품가방·도이치모터스 주가조작 사건을 불기소하였다. 명품가방은 감사 표시였고, 주식은 전문가가 아니라는 이유였다.

전두환·노태우를 법정에 세운 주체는 국민이었다. 1997년 전두환은 무기징역, 노태우는 징역 17년을 언도받았다. 군사반란 18년 만의 일이다. 윤석열과 내란 정범, 군사반란 세력도 반드시 법정에서 단죄를 받을 것이다.

학예회 수준의 민망한 자기변명

탄핵심판정에 나온 윤석열 피청구인은 야당이 박수 쳐주지 않아 계엄을 선포했고, 총과 장갑차를 앞세운 계엄군은 오히려 시민에게 맞았다며 변명하기에 급급했다. 대한민국 제20대 대통령으로 선출되었던 자의 경악할 수준에 탄핵심판을 바라보며 쓴 맛을 지울 수 없었다.

여당 원내대표는 내란 수괴 피고인과 입을 맞췄는지 야당 탓이라고 핏대를 세웠다. 국민의힘과 윤석열은 무엇을 하기 위해 집권한 것인가? 그들의 주장은 사실이 아니지만, 설령 야당이 정부 예산을 감액하고 국정 발목을 잡으려 탄핵을 남발하였다 한들 국민을 상대로 한 계엄에 정당성이라도 부여된다는 말인지 기가 막혔다.

길고 길었던 탄핵심판의 최종 변론이 열렸다. 아직도 위헌, 위법한 계엄을 옹호하고 헌법 재판의 권능에 도전하려는 세력이 있다. 그들의 준동과 가짜뉴스 선동이 이제는 아스팔트를 넘어 윤석열이 장갑차와 무장 군인의 군홧발로 짓밟은 국회까지 넘보고 있었다.

사기 탄핵을 입에 올리고 철 지난 부정선거 음모론에 심취한 집권여당발 극우 파시즘 리스크는 날로 커지고 있었다. 급기야 국민의힘 원내대표는 탄핵심판의 절차적 공정성을 운운하며 헌법재판소를 흔들고 있었다. 극우의 힘으로 거듭난 국민의힘은, 2017년 2월 27일 열렸던 박근혜 탄핵심판 최종 변론 당시, 법제사법위원장으로 국민을 대표해 최후 진술에 나섰던 탄핵소추위원 권성동의 발언을 새겨들어야 한다. 그 권성동의 발언은 이러했다.

> "피청구인 측은 국회의 탄핵소추 의결 과정이나 재판부 구성과 관련한 주장을 제기하고 있습니다만, 이것 또한 전 국민이 지켜보시는 가운데 헌법과 법률, 그리고 적정 절차에 따라 이루어진 심판 과정을 애써 외면하는 것일 뿐입니다."
>
> "대통령 탄핵이라는 국가적 불행에 대한 한마디 책임도 언급하지 않고 '보이지 않는 음모' 운운한 피청구인의 모습이나, 신성한 법정에서 표출된 일부 지나친 언행으로도 사안의 본질을 가릴 수 없으며, 결코 아름답게 보이지 않는 것입니다."

정말이지, 상황에 딱 들어맞는 말 아닌가! 최종 변론을 마무리하는 권성동의 멘트도 압권이다.

> "헌법재판소 여덟 분 현자(賢者)에게 '민주공화국 대한민국'의 미래가 달려 있습니다. 존경하는 재판장님과 재판관님들의 경륜과 통찰력으로 지혜로운 판단을 내려주시기 바랍니다."

2017년의 권성동이 2025년의 권성동에게 묻지 않을 수 없다. 그때는 맞고 지금은 틀립니까?

'구속 5관왕' 내란·위헌 정당은 해산하라

대한민국을 부정하는 반헌법 정당은 바로 국민의힘이다. 헌법 제8조에서 "정당 활동이 민주적 기본 질서에 위배될 때 정당은 헌법재판소 심판으로 해산된다"라고 규정하고 있다. 이미 불거진 명태균 게이트 의혹만으로도 국민의힘은 민주정당으로서 그 효용이 다했다고 보아야 한다.

국민의힘이 그나마 당명을 유지할 수 있는 길은 정해져 있다. 그동안 제기되었던 국민적 의혹들에 대해 밝히고 읍참마속 泣斬馬謖하는 길만이 국민의힘으로 살아남는 유일한 길이라는 점을 명심하기 바란다.

보수 계열 정당은 전두환, 노태우, 이명박, 박근혜에 이어 현직 대통령 최초 구속 타이틀마저 거머쥐며 '구속 5관왕'을 달성했다. 저들 중에 넷은 내란을 일으켰거나 획책한 의혹이 있다는 공통점이 있다. 이쯤 되면 저 당의 집권 전략과 목표는 내란과 독재 아닌가?

국민의힘 1호 당원인 윤석열도 민주주의와 3권분립을 부정하는 당의 전통을 충실하게 수행한 것으로 보인다. 권위주의, 군사반란 시절의 향수를 안고 제도권에 발붙인 '무법 정당'은 서울

서부지법 앞 시위대와 함께 당장 해산하는 것이 마땅하다. 우리의 민주주의는 시민들의 피로 이뤄냈다. 피로 이룩한 민주공화국의 체제를 위협하는 저들의 무도하고 무법적인 행태에 단호하게 맞서야 한다.

보수파 정당

내란을 내란이라
부르지 못하는 정당

긴급하게 열린 법사위원회 전체회의. 국민에게 총부리를 겨눈 지 불과 3일 만에 열린 회의였지만 윤석열의 위헌·위법한 불법 계엄을 대하는 여야의 온도차는 극명했다.

법제사법위원회 제19차 전체회의 2024. 12. 6

박은정   비상계엄이 그러면 위헌 아닙니까? 계엄이 적법했습니까?

이성윤   내란죄에 해당됩니다, 내란죄!

장경태   그러면 내란죄로 다 잡아가든가요! 입법 쿠데타요?

곽규택   들어보세요!

송석준 존경하고픈 야당 범야권 위원 여러분, 제발 우리 정신 차립시다.

박은정 계엄이 적법했습니까, 그러면?

송석준 이 신성한 민의의 전당에서 헌법 파괴 행위하지 맙시다. 다수 의석을 점했다고 국민들을 무시하고 시대정신을 무시하고 헌법 질서를 파괴하는 행위, 여러분들은 가슴에 손을 얹고 반성하십시오. 국민들께서 엄중하게 여러분들을 지켜보고 계십니다.

박은정 계엄이 적법했습니까? 계엄이 적법했냐고요.

박은정 계엄이 적법했냐고요. 지금 대답하세요, 송석준 위원님.

박은정 곽규택 위원님, 이번 비상계엄이 위헌이고 합헌이었는지 대답을 하세요.

내란은 과연 무엇일까?

"내란內亂; treason, rebellion은 나라 안에서 정치적 목적으로 벌이는 난亂으로, 국가대권과 헌법의 통치력을 저해하거나 파괴하려는 행위, 또는 국가의 영토 주권을 말소시키려는 일체의 무력행사를 말한다. 반역反逆이라고도 한다. 내란을 일으키는 형법상의 범죄를 내란죄라 한다."

1980년 5월 17일, 12·12 군사반란으로 정권을 목전에 둔 전두환과 하나회는 국회 담벼락을 넘는 국헌 문란의 폭동, 즉 내란을 기획하여 장갑차와 무장 군인으로 국회를 봉쇄해버렸다. 내란을 내란이라 부르지 못하는 단 하나의 정당. 전두환의 민주정의당을 계승하며 보수를 참칭한 단 하나의 내란 옹호 세력이 버젓이 제도권 정치에서 목소리를 높이고 있었다. 민주정의당이 민주와 정의를 절멸시켰듯 국민의힘의 주장에는 국민이 지워져 버렸다.

이날 전체회의에서 "계엄이 적법했냐?"라는 모든 국민이 당연히 묻고 있을 그 물음에 그들은 끝끝내 답하지 않았다.

facebook 2024. 12. 24

〈국민의힘은 보수 궤멸의 길을 택했습니다〉

국헌 문란 정당과 내란 잔당 세력이 아직 활개를 치고 있습니다.

12.3은 내란입니까? 아닙니까?

국민 모두가 아는 답에 국민의힘은 제대로 답하지 못하고 있습니다.

국민의힘은 집권할 때마다 여차하면 계엄을 선포하고 장기 독재의 길을 노려보겠다는 입장입니까? 전두환과 노태우의 12.12를 찬양하고, 박정희와 이승만의 권위주의 시절을 숭앙해 온 집단답습니다.

윤석열은 국민에게 총부리를 겨눴고, 민주주의를 처단하려 했습니다.

내란 수괴를 보유한 국민의힘은 12.3 내란에 대해 대체 왜 국민 앞에 사죄하지 않습니까? 하지 않는 것입니까? 못하는 것입니까?

내란을 옹호한다면 국민과 함께 위헌정당을 마땅히 해체하고 역사 앞에 단죄해야 합니다. 극우 유튜버에 경도된 반국가 내란 잔낭이 더 이상 제도권에 발붙이지 못하도록 국회가 해야 할 일을 다하겠습니다.

내란 재판

진실의 빛은 어둠을 이겨낸다

수인번호 0010 윤석열이 구치소에서 수용실 1개를 전용하고, 양쪽 옆의 3개실은 비워져 있다고 했다. 서울구치소 일반 수용자가 8인 1실에 수용된다는 점을 감안하면 32인분 몫을 독차지한 셈이다. 이래도 특혜가 아니란 말인가?

윤석열이 수감되었던 서울구치소의 수용 환경은 열악하다. 152%의 수용률에, 6인 1실 기준도 유명무실하다. 교정당국이 수인번호 0010에게 베푼 특혜는 이뿐이 아니다. '대통령님'의 수용 공간을 분리하기 위해 새롭게 칸막이를 설치했으며, 별도의 차량 탑승용 출입구 공사도 하였다는 의혹이 있다.

헌법재판소 출석마다 헤어 스타일링을 위해 경호처의 계약직 직원이 동원됐다는 사실도 새롭게 확인되었다. 경호처 관계

법령에 적시된 고유 업무가 아닐뿐더러 부분 가발 사용 의혹이 사실이라면, 장신구를 금지한 형집행법 위반에 해당될 수도 있다. 그가 행차하면 구치소가 펜션으로 바뀌고, 경호처는 미용실로 전락했다. 피고인의 편의를 봐주기 위해 국가기관이 동원됐다는 위법적 특혜 의혹을 반드시 바로 잡아야 한다.

헌법 제11조, 모든 국민은 법 앞에 평등하다. 모든 국민이 법 앞에 평등한가? 내란 수괴를 일반 수용자와 동일하게 처우하는 것이 그렇게나 힘든 일인가? 파면되어 자연인의 신분이 되었으니 더더욱 문제가 될 사안이다.

내란 우두머리에 대한 예우?

2025년 1월, 나는 〈전두환 방지법〉을 대표 발의했다. 29만 원밖에 없다는 노욕의 노인이 팔자 좋게 골프나 치던 그때, 국가 예산으로 경호도 받았다는 사실에 많은 국민이 분노하였다. 「전직대통령 예우에 관한 법률」에 따라 죄를 지어 금고 이상의 형을 받더라도 신변 경호와 관저 경비는 유지되기 때문이다.

헌법 제84조에 따라 현직 대통령에 대한 형사소추 사유는 내란죄와 외환죄 단 두 가지로 엄격하게 제한되고 있다. 우리 헌법은 현직 대통령이라도 내란죄는 절대 용서할 수 없다는 주지의 사실을 제헌 헌법부터 견지해 왔다. 역으로 국민을 향해 내란죄를 저지른 역도는 대통령으로 인정할 수 없다는 민주공화국의 대원칙을 내포하고 있기도 하다.

〈전직대통령 예우에 관한 법률〉에 제7조 제3항을 신설해 형법상 내란죄 또는 외환죄를 범해 금고 이상의 형이 확정된 전직 대통령에 대해 경비 및 경호의 예우를 비롯해 모든 예우를 박탈한다는 내용을 담았다.

12.12 군사반란의 수괴 전두환은 형법상 내란죄와 군형법상 반란죄로 무기징역이 확정됐지만 죽을 때까지 세금으로 경호를 받고 호의호식했다. 그동안 〈전직대통령 예우에 관한 법률〉이 개정되지 않았기 때문이다. 내란죄로 국민에게 총부리를 겨눈 자에게 1년에 10억 원에 달하는 세금이 낭비되는 게 가당키나 한가? 내란 수괴는 이미 대통령이 아니다. 모든 혜택과 예우를 박탈해야 한다. 그것이 정의이고 국민의 뜻이기 때문이다.

마음속에 쓴 일기 17

이순신의 논공행상은 차갑고 무서웠다.

잘못은 책임져야 했다.

겨울날 칼바람같았다.

부하도 잘못하면 죽어야 했다.

예외는 없었고, 피할 수 없었다.

그 결정과 시행은 '추상秋霜'같았다.

이순신은 번번이 그 일을 《난중일기》에 적었다.

문장은 담백했으며, 감정은 없었다.

아무런 수식도 없었다.

법 앞에서 공직자는 그래야만 했다.

헌법재판소에서

정치적 선동

표류하는 대한민국의 민주주의를 지키기 위해

4년 전 추미애 장관님과 내가 언론의 비판으로 고립된 상황에서, 우리는 윤 총장 측이 일으키는 동시다발적 정치적 공격과 법 기술에 일일이 대응해야 했다. 나는 법리적으로 당연한 것이 왜 순리적으로 진행되지 않는 걸까, 왜 이렇게 힘든 일일까 의아했었다. 일례로, 나는 그를 단 한 차례도 대면 조사할 수 없었다.

법무부의 감찰 조사는 대한민국 검사라면 누구나 받아야 하는 것이다. 어떤 특권 의식이 있는 것인지, 그 당연한 의무에 윤 총장은 갖은 핑계를 대며 응하지 않았다. 그리고 그가 징계위원들을 압박하자 위원들은 줄줄이 사퇴하거나 연락이 끊겼고, 학교와 법률 사무실에서마저 모습을 감추며 회피했다. 이러한 어처구니없는 상황이 벌어졌는데 나의 '법대로 하면 된다'는 마인드가 제대로 작동할 수 있었겠는가.

이번에도 그는 마찬가지였다. 헌법재판소의 판사들에게 정치적 프레임을 씌워 흔들고, 극우 유튜버들을 앞세워 끊임없이 선동하는 행태는 4년 전과 변함이 없었다.

내란 수괴 윤석열과 국민의힘 인사들의 헌법재판관 흔들기가 도를 넘었다. 누구는 야당 대표와, 누구는 동생이, 누구는 남편이 어쩌고 하며 재판관의 공정성 운운하는 그 행태는 4년 전 중대비위로 징계받던 윤석열 검찰총장 측의 레퍼토리 그대로였다.

<u>facebook   2025. 1. 30</u>

그러면 나머지 재판관들은 괜찮습니까? 재판관 전원이 탄핵인용 결정을 내릴 것 같은데 그때는 감당할 수 있겠나요? 위헌 위법한 비상계엄으로 대법관과 판사를 체포하려 했던 자들이 적법한 영장을 끝없이 불법이라 공격하며 법원 폭동을 부추기더니 이제는 헌법재판소 폭동을 획책하는 것입니까?

내란은 끝나지 않았다

2025년 3월 8일 법원은 윤석열에 대한 구속취소 결정을 내렸다. 형사소송법에 위반한 결정이었다. 그럼에도 검찰은 법률상 당연히 할 것으로 예정되어 있는 즉시항고로 다투지 않았다.

통상 구속 사건의 기소는 마지막 날 하지 않는다. 만에 하나

서울중앙지검에서 1인 시위

구속 기간 도과 시 사고가 날 수도 있기 때문이다. 검사실에 가장 먼저 붙여 놓는 것이 구속 사건의 만기 달력인 이유이다. 초임 검사가 제일 먼저 배우는 것이 구속 만기 하루나 이틀 전에는 기소하라고 하는 것이다. 그러나 심우정 검찰총장은 윤석열에 대한 구속 기소를 미루면서 전국 고·지검장 회의를 열었다. 윤석열을 풀어주고 태극기 아스팔트 지지층을 등에 업고 윤석열 총장처럼 정치를 하고 싶었는지 묻고 싶었다.

지귀연 부장판사는 형사소송법에 '날'이라고 되어 있는데 윤석열 피고인에 대하여만 '시간'으로 계산해 검찰의 기소가 구속 기간이 도과되었다며 구속취소 결정을 내렸다. 심우정 검찰총장은 구속취소 결정에 대해 즉시항고를 하려는 서울고검 특별수사본부를 막고 즉시항고를 포기하도록 했다. 법원과 검찰이 법치주의를 정면으로 파괴한 것이다.

탄핵심판 변론이 종결되고 윤석열의 파면 선고만 남은 상태에서 내란 우두머리가 석방되는 장면이 온 국민 앞에 전파를 타고 흘러나왔다. 나는 국민들에게 호소할 수밖에 없었다.

facebook 2025. 3. 8

〈촛불 시민 여러분, 안국동으로 모여 주십시오〉

아스팔트 위 반 헌법세력과 민주주의를 팔아 독재를 꿈꾼 위정자 무리에게 분명히 경고해야 합니다. 더 많은 시민들의 참여와 목소리가 절실합니다. 오늘 오후 2시부터 시작됩니다. '2024헌나8 대통령 탄핵심판' 피청구인 윤석열의 파면 선고가 나올 바로 그곳, 헌법재판소 앞 안국역입니다.

내란 우두머리 피고인은 파면될 것입니다. 반드시 형사처벌될 것입니다. 민주시민이 써 내려간 정의의 역사는 그렇게 흘러왔습니다.

4.19의 정신이, 79년 부마가, 80년 광주의 5월과 우리가 지난 겨울 들었던 응원봉의 물결이 이미 증명하고 있기 때문입니다.

그리고 나는 서지현 전 검사와 함께 서울중앙지검 앞에 가서 즉시항고 촉구 기자회견을 하고 1인 시위를 시작했다.

즉시항고 촉구 기자회견 입장문 2025. 3. 13

검찰특수본은 기한이 만료되는 14일 금요일 전까지 반드시 즉시항고할 것을 요구한다.

법원의 사법행정을 통할하는 천대엽 대법관은 "즉시항고를 통해 상급심 판단을 받는 게 필요하다. 즉시항고 기간을 7일로 알고 있다. 금요일까지 항고기간이 남아 있는 것으로 알고 있다. 상급심이 법적 판단을 하는 데에 특별한 장애가 없다"라고 어제 법사위 회의에서 공식적으로 발언했다.

형사소송법이 제정되고 무려 71년 동안 지켜온 2,300명의 검사들의 구속기간 산정 실무에 혼선을 준 심우정 검찰총장은 아직도 윤석열이 두려운 것인가! 모든 피고인에게 동일하게 적용되어 온 기준이 왜 윤석열에게만 다르게, 황제 특혜 계산법으로 적용되어야 한단 말인가!

즉시항고를 통해 상급심 판단을 받으라는 법원의 의견과 거리에서 피를 토하는 심정의 시민들의 목소리가 끝없이 이어지고 있다. 4년 전 윤석열 검찰총장의 징계 때 사용했던 방법인 '패소할 결심'이라는 희대의 편법을 윤석열 대통령이 된 지금 다시 사용하려 한다면 국민들의 분노는 검찰청을 무너뜨리고도 남을 것이다.

구속취소 즉시항고 전례도 있다. 대검은 왜 즉시항고를 하지도 않으면서 구속 기간 산정은 종전처럼 날로 하라고 업무지침을 내리는 자기부정을 저지르는가!

심우정 총장의 비겁한 행보가 윤석열 내란수괴 피고인에게 총장 시켜준 보은으로 즉시항고를 포기했다고 비판받는 이유이기도 하다.

즉시항고 포기로 앞뒤가 맞지 않는 구차한 변명만 늘어놓는 검찰총장은 그 자리에 있을 자격이 없다.

검찰특수본은 지금 바로 구속취소 즉시항고를 제기하라! 내란으로 상처를 받은 국민들과 계엄군에 짓밟힌 민주공화국의 역사에 검찰로서 최소한의 도리를 다할 것을 다시 한번 촉구한다. 함께 뜻을 모은 우리는 검찰이 즉시항고를 할 때까지 릴레이 1인 시위로 항의할 것이다.

그러나 검찰은 끝끝내 즉시항고를 하지 않았고, 윤석열이 풀려난 상태에서 헌법재판소의 탄핵 결정도 차일피일 늦어지고 있었다. 변론이 종결되고 한 달이 지나도 선고 기일은 잡히지 않았다. 국민의 불안과 공포가 가중되고 국민들 사이의 갈등은 더욱 증폭되었다. 국정의 불확실성이 점점 커지고 주요 정책 결정이 지연되고 혼선을 빚으면서 경제, 외교, 안보 등 국정 전반에 부정적인 영향이 커져갔다.

국회 탄핵소추단은 국회에서, 헌법재판소 앞에서 선고 기일을 지정해 달라는 호소를 이어갔다. 광화문에는 천막이 쳐지고 국민들은 밤을 새고 단식농성도 하기 시작했다. 많은 국민들의 잠 못드는 불면의 고통이 다시 시작되었는데도 헌법재판소는 3월 한 달 내내 묵묵부답이었다.

나는 헌법재판관들에게 호소했다.

헌법재판소 앞에서 2025. 3. 24

정형식 재판관님 법관 생활 34년 하셨습니다.
문형배, 조한창 재판관님! 법관 33년 하셨습니다.
김형두 재판관님 법관 32년, 그리고 김복형 재판관님 30년, 정정미 재판관님 29년, 이미선 재판관님 28년, 정계선 재판관님 27년 법관생활 하셨습니다.
대한민국은 지금 혼란에 빠져 있습니다. 이 혼란의 원인은 헌법재판소에서 내란 수괴 피청구인 윤석열에 대한 선고를 하지 않기 때문입니다.

국회 탄핵소추단은 헌법재판소에서 윤석열 대통령에 대한 파면 선고를 지금 당장이라도 내려주시기를 바랍니다.

마음속에 쓴 일기 18

태도는 중요하다.
삶의 태도는 그 사람의 정체성과 맞닿아 있다.
진지한 태도 앞에서 우리는 가끔 엄숙해진다.
부당한 정권의 불법적인 계엄 앞에서
태도만으로 견디긴 힘들었다.
태도가 아니라 행동으로 나가야 했다.
구호는 외칠 때 힘이 생긴다.
구호는 마음 밖으로 나올 때 힘이 생긴다.
태도에서 행동으로.

탄핵집회에서

파면 선고

윤석열 징계를
마칩니다

4년 전 그때는 실체 없는 그림자에 맞섰던 것이라면, 이번에는 그를 둘러싼 총체적 실체를 파악하고 저들과 전면전을 펼치는 느낌이었다. 그리고 마음 한편으로는, 내가 정치인이 되기를 잘했구나 하는 자긍심마저 들었다. 윤 총장 징계청구 사건이 부당하게 종결된 후 그의 실체와 패배의 이유를 끝내 찾지 못했다면 나는 억울했을 것이다. "3년은 너무 길다"며 윤석열 정권의 종식을 선언하며 국회의원이 된 나의 선택에 미처 알지 못했던 이유가 숨어 있었다.

 4월 1일, 만우절같이 헌법재판소에서 선고 기일 지정을 알려왔다. 나도 국민들도 그날이 오기만을 학수고대했다. 4월 4일 선고 기일, 헌법재판소로 향하는 발걸음은 하늘을 나는 것 같았다. 오랜 싸움이 끝나고 국민들이 일상으로 돌아가게 되는 게 가장 기뻤다. 봄꽃이 피어나고 있었고 그날 하늘이 맑았다.

"2025년 4월 4일 오전 11시 22분. 주문, 피청구인 대통령 윤석열을 파면한다."

넉 달을 끌어오며 전 국민의 애간장을 태웠던 헌법재판소의 탄핵심판이 재판관 8인의 전원 합의로 인용 결정이 내려졌다. 비로소 4년 전 시작했던 나의 일, 검찰총장 윤석열 징계 처분이 완수되었다.

헌법재판소에서 2025. 4. 4

〈4년 전 윤석열에 대한 징계를 이제 마칩니다.〉
4년 전 윤석열 검찰총장의 중대 비위는 해임 사유였다고 생각합니다. 오늘 내란을 저지른 피청구인 윤석열을 파면하면서 못다 한 징계를 마칩니다.

자신의 파면 선고조차 국민 앞에 나와 당당하게 듣지 못하는 비겁하고 초라한 어느 독재 지망생의 비참한 말로를 목도했습니다.

밤을 새워 헌재를 지켜주신 촛불시민 여러분,

눈물나게 고맙습니다. 우리 국민이 아니었다면 12.3 내란의 어둠을 몰아내고 민주공화국을 지켜낼 수 있었을까요. 윤석열 파면은 끝이 아닙니다. 이제 정의의 시간입니다. 후에 어느 지도자도 감히 내란을 꿈꾸지 못하도록 내란 잔당 청산이 시작되어야 합니다. 법정에 세워진 내란 공범들에게 확실하게 죗값을 묻는지 우리 시민들이 지켜보고 있습니다.

우리에게는 역사의 새로운 시작을 밝힐 빛의 혁명의 응원봉이 있습니다. 독재와 유신을 꿈꿨던 저들의 준동을 막고 국민이 주인되고 정의로운 대한민국을 다시 세우는 데 총력을 모아야 합니다. 유독 모질기만 했던 지난 겨울이지만 봄꽃은 피었습니다. 대한민국의 봄도 머지않았습니다.

민주주의와 우리 역사 그리고 국민

지난 3년, 국가는 없었다. 없느니만 못한 내란 정권이 있었을 뿐이다. 우리 국민은 사지가 들려 입틀막 당하고, 응급실 뺑뺑이로 목숨을 위협받고, 군에 간 자식을 먼저 떠나보내는 비극의 주인공이 되어야 했다.

국가는 국민의 먹고사는 문제를 방치했다. 각지도생의 긴 터널에서 국민은 서로의 안부를 챙겼고, 민주주의를 지키기 위해 계엄군의 총부리를 마주하면서도 당당하게 일어섰다.

파면은 끝이 아니었다. 또 다른 시작일 뿐이다. 국회는 내란 수습과 정상화에 최선을 다해야 했다. 정의가 강물처럼 흐르는 국민주권의 민주공화국으로의 대전환과 민생 회복도 시급했다. 국정을 안정화하고 헌정질서의 회복에도 힘을 모아야 한다. 국민의 명령대로 정권 교체에서 4기 민주정부의 출범까지 국민과 함께 나아갈 일만 남았다.

[4년 동안 나를 지켜주었던 108배]

나는 매일 아침 집에서 108배를 한다. 정신이 맑아지고 운동도 되기 때문에 꾸준히 하고 있다. 108배를 시작하게 된 것에는 웃지 못할 계기가 있다.

4년 전, 법무부 감찰담당관으로 윤석열 총장을 감찰할 때였다. 후배 검사가 내게 와서 윤석열 총장의 부인, 김건희에 대한 이야기를 하였다. 그때까지만 해도 김건희가 언론과 외부에 드러나지 않았던 때였다. 윤석열 부부 주변이 무속과 가깝다는 이야기를 들었는데 당시 내가 윤석열에게 가장 가시 같은 존재였기 때문에 혹시 무속으로 공격하면 어떡하나 하는 우스개 농담이었다.

그래서 나도 농담처럼 그쪽에서 무속으로 공격한다면 나 역시 무언가 정신적인 대응을 해야겠다고 생각하고 108배를 시작했다. 나름 사邪파를 정正파로 이겨보겠다 작심한 것이다. 솔직히, 웃음으로 넘기기엔 꽤 절박한 심정이었다.

검찰 수사를 받게 되면서부터 나는 잠을 푹 자지 못하게 되었다. 언제 어떻게 나를 해치러 올지도 모른다는 긴장감 때문에 늘 깨어 있어야 한다는 각성 상태가 너무 오래 지속되었다. 그렇게 시작한 108배를 지금까지 이어오고 있다.

총선 기간, 대선 기간 지방에서 선거유세를 하던 때에도 호텔방에서 이불을 깔아놓고 절을 했다. 절을 하면 겸손해지고 내가 해야 할 일이 무엇인지 스스로 정리가 된다. 그리고 누군가를 미워하기보다는 감정을 빼고 더 잘 싸울 수 있는 방법이 떠오른다.

이제 윤석열이 파면되어 108배를 하지 않아도 되지 않을까 하는 게으른 생각이 들기도 한다. 그래도 운동 삼아 계속 해야지 싶기도 하다. 지난 4년 동안 매일 올렸던 절은 내가 버티고 싸울 수 있도록 나를 시켜주었다. 그렇게 버티어 준 나에게 고맙다.

5장
검찰 개혁은 시대의 소명

정치 입문

독재로 가는 길을 막기 위해

검찰은 최소한의 정치적 중립을 포기하더니 윤석열 대통령 만들기 1등 공신으로 기어코 정권의 위성정당으로 전락했다. 검찰독재의 길목을 막아설 각오로 나는 정치에 나섰다. 내가 내건 목표 중 하나는 검찰을 신뢰받는 국가기관으로 돌려놓는 것이었다.

조국혁신당 영입식 연설 2024. 3. 6

〈정치에 나서며〉

존경하는 국민 여러분!

대한민국은 민주공화국입니다. 대한민국은 사람답게 살고자 하는 희망을 가슴에 품은 평범한 사람들의 희생과 헌신 위에 세워진 공동의 나라입니다. 그래서 민주공화국인 대한민국의 주권은 특정 세력이나 집단이 아닌 국민에게 있습니다.

민의民義는 곧 대의大義이며, 민심은 곧 국권國權입니다. 그러나 지금은 우리가 알고 있던 대한민국이 아닙니다. 극단적 형태의 검찰 전체주의 세력은 국민의 눈물을 닦아주기는커녕, 슬픔과 아픔에 칼질을 하고, 심지어 입까지 틀어막고 있습니다.

오늘날 검찰은 최소한의 정치적 중립과 기계적 중립을 포기하더니, 기어코 윤석열 정권의 위성정당으로 변모했습니다. 참담하고 부끄럽습니다. 검찰 조직에서 24년을 몸담은 전직 검사로서, 비통한 심정을 담아 국민 여러분께 깊이 사죄드립니다.

존경하고 사랑하는 국민 여러분.

저는 아시다시피 윤 전 총장을 감찰하였다는 이유로 보복을 당하고, 수사를 받고, 결국 해임까지 당했습니다. 암 투병 중이던 노부모님이 거주하시는 친정집을 압수 수색하는 패륜적 행위에도 그저 자책하며 견디고자 노력했지만, 쉽사리 잠을 이룰 수는 없었습니다.

민생이 파탄에 이르렀음에도 눈을 감고, 귀를 닫고, 민심의 실체를 외면하면서, 검찰권을 활용한 자의적 공정과 법치로 우리 사회를 교란하고 또 겁박하는 이런 광기狂氣의 세월을 목도目睹하면서 저는 도저히 잠을 이룰 수 없었습니다.

제가 정치에 뛰어든 이유는 간단합니다. 국민이 선출하고 권력을 위임하였다는 이유로 모든 부분에서 예외가 인정된다면, 그것은 곧 독재로 가는 길입니다. 저는 오늘 그 길목을 막아설 각오로 이 자리에 섰습니다.

감히 법치주의를 말하며 법 위에 군림하고, 감히 공정과 상식을 입에 올리며 디올백으로 하늘을 가리는 시대의 패륜 집단을 청산하기 위해 이 자리에 섰습니다. 윤석열 대통령이 내일이라도 대통령 자리에서 내려온다면, 저도 정치를 그만둘 것입니다. 제가 정치에 뛰어든 이유는 이토록 간단합니다.

3년은 너무 깁니다. 윤석열 정권은 조기 종식되어야 합니다.

검찰은 정치권력 집단이 아닌, 인권을 수호하고 공소 유지에 충실해야 하는 검찰 본연의 모습으로 돌아가야 합니다. 검찰의 어느 부분을 어떻게 개혁해야 하는지 분명하게 인식하고 있습니다. 어떤 법령과 규칙을 어떻게 개정해야 하는지도 잘 알고 있습니다. 검찰을 신뢰받는 국가기관으로 되돌려 놓겠습니다. 반드시 해내겠습니다.

이번 총선은 대한민국의 존망이 걸린 선거입니다. 검찰 독재

심판을 위해 힘을 모아 주십시오! 윤석열식 공정과 상식이 아닌 보편상식적인 공정과 정의가 회복되고 또 검찰이 사회적 신뢰를 회복할 수 있도록 하겠습니다.

조국혁신당이 그 일을 해내야 하고 반드시 해낼 수 있습니다.

검찰의 민낯

용산의 위성정당으로 전락한 검찰에 철퇴를

윤석열 정부의 검찰 책임자인 박성재와 심우정은 검찰 신뢰 추락의 장본인이다. 법무부 장관인 박성재는 채 해병 순직 수사 외압의 핵심 피의자인 이종섭 국방부 장관에 대한 출국금지 해제를 통해 '런종섭' 사태를 만들고, 윤석열 내란 다음 날 삼청동 안가 회동에서 김주현 민정수석 등과 만나 제2의 계엄 등을 모의했다는 의혹을 받고 있다.

심우정 검찰총장은 윤석열 내란 수괴의 구속 취소 결정에 대해 즉시항고를 포기하고 풀어줌으로써 내란의 공범이라는 비난을 받았다. 박성재 장관은 대정부 질의에서 윤석열 석방에 대해 반성함이 없이 심우정 검찰총장 편에 서는 듯한 발언으로 나에게 비판을 받았다. 심우정 검찰총장은 심지어 김건희 사건 처리 며칠 전 윤석열 경호처의 비화폰으로 김주현 민정수석과 통화한 사실이 드러나 더 추락할 것도 없는 검찰의 신뢰를 낭떠러지로 내팽개쳤다.

두 사람 모두 공수처 등의 수사 대상으로도 올라가 있다. 두 사람은 2024년 2월 법무부 장관과 차관으로 재직 중 나를 해임했던 당사자들이기도 하다.

대정부 질문(정치·외교·통일·안보에 관한 질문) 2025. 4. 14

박은정 장관님이 탄핵소추로 자리를 비운 동안 내란 수괴 윤석열의 구속 취소 결정이 있었습니다. 검사 몇 년 하셨습니까?

법무부 장관 박성재 27~28년을 했는데…

박은정 저는 검사 23년 했는데요 구속 기간을 시간으로 계산하는 것을 보지 못했습니다. 장관님도 못 보셨을 겁니다. 그런데 심우정 검찰총장이 즉시항고를 포기했습니다. 수사팀이 법률에 규정된 권한 행사를 못하게 할 수 있습니까? 대검의 지휘감독권 남용입니다. 수사팀은 특수본부에서 즉시항고를 행사하려고 했는데 심우정 검찰총장이 못하게 했습니다. 직권남용 아닙니까?

박성재 의원님께서 말씀하시는 그 구체적인 사실관계를 제가 알지를 못합니다.

박은정 직권남용이 됩니다. 법무부에서 감찰하셔야 됩니다. 전국에 구속재판 받는 피고인이 몇 명이나 될까요, 장관님?

박성재 숫자는 정확하게 모르겠습니다.

박은정 윤석열의 구속 취소 이후에 전수조사 안 하셨습니까?

박성재 제가 와서 그렇게 할 시간이 없었습니다.

박은정 윤석열처럼 구속기간 도과되어서 기소된 피고인이 있는지, 그 피고인들 몇 명인지 전수조사 하셔야 되는 것 아닙니까? 왜 윤석열만 풀어줍니까? 국민을 향해 총부리를 겨눈 내란 수괴를 풀어줬는데 부모 죽인 살인범도 풀어주고 친딸들 연쇄 성폭행한 강간범도 풀어주고 수천만 원, 수억 원 뇌물받은 공직자도 풀어줘야 되는 것 아닙니까? 내란 수괴도 풀어주는데 왜 못 풀어줍니까? 그것이 정의 아닙니까? 법무부의 정의 아닙니까? 국민이 어떤 지점에 분노하는지 모르십니까?

박성재 의원님께서 지금 말씀하시는 내란 수괴라는 단어에, 내란 수괴 혐의를 받고 있는 것은 모르겠습니다만 내란 수괴라고 지금 단정하기는 좀 어렵지 않나 싶고… 죄명으로 사람을 호칭하지 않습니다. 저희들 무죄추정의 원칙에 따라서…

박은정 그러면 장관…

박성재 의원님께서도 잘 아시다시피 어떤 사람이 그런 혐의로 기소되었다고 그 사람을 호칭하면서 그 기소된 죄명으로 누구라고 하지 않습니다.

박은정 그러면 장관님, 이 구속 취소에 대해서는 동의하시는 겁니까?

박성재 저는 조금 전에 다른 의원님께서 질의하실 때 말씀드렸습니다만 구속 집행정지 부분과 구속 취소와 관련된 부분이 한 조항에 있습니다. 그러다가 구속 집행정지와 관련된 부분이 위헌 결정이 나서 그 조문, 구속 집행정지와 관련된 부분만 법률 개정을 하고 나머지는 개정을 안 한 것으로 저는 알고 있습니다. 그런데 그 내용 자체가 저희들 입장에서는 똑같은 취지의 내용이기 때문에 일단 풀어주고 그 다음에 본 재판 내에서 구속기간 산정 방법이 틀렸다든지 수사권 유무에 대한 부분을 다투는 게 맞다는 개인적인 생각을 했습니다.

박은정 그래서요 부모 죽인 살인범도 풀어주시고 친딸들 연쇄 성폭행한 강간범도 풀어주시고 수천 수억 원 뇌물받은 공직자도 풀어주세요.

박성재 해당 재판부 내에서 재판 과정에서 해결할 일이라 생각합니다.

박은정 제가 질문하겠습니다. 대전지검 형사부 어떤 검사가 자기는 이 형법 규정이 위헌이어서 피의자 조사 못하겠다, 심우정대로라면 그렇게 해도 됩니다. 앞으로 대한민국의 어떤 공직자가 장관님 말씀대로라면 법이 있는데 그 법이 위헌인 것 같아서 입법도 행정도 사법도 나는 안 하겠다 이렇게 해도 됩니다. 그렇게 법치를 스스로 무너뜨리는 것이 법무부 장관입니까? 무법부라고 저는 생각을 합니다.

검찰총장(심우정) 인사청문회 2024. 9. 3

박은정 지금 검찰개혁 입법 관련해서 왜 이게 인사 검증에서 문제가 됐는지 모르겠지만 검찰이 수사권이 그렇게 중요하면 그동안 왜 선택적 수사를 하고 제대로 안 했는지 제가 말씀을 드릴게요. 김건희, 김학의 그리고 국정농단의 정윤회 문건 그리고 BBK, 도곡동, 판사 사찰 이 사건들 수사 제대로 안 했어요. 그렇게 수사권 중요하고 수사해야 되면 왜 안 합니까? 제가 이거는 나중에 검찰개혁 입법 관련해서 말씀을 드릴게요. 이게 왜 오늘 쟁점이 되는지 제가 이해를 할 수가 없고요. 후보자와 관련해서 묻겠습니다. 후보자 지명되시고 취임 일성으로 검찰 신뢰 회복하겠다고 말씀하신 거 기억나시나요?

검찰총장 후보자 심우정 예.

박은정 저는 검찰 신뢰가 지금 추락된 게 후보자가 가장 주된 책임이 있다고 생각합니다. 런종섭 사태 아시지요?

심우정 그렇게 불리는 얘기들이 있다는 것을 알고 있습니다.

박은정 런종섭 사태를 발생시킨 장본인이세요, 차관으로서요. 그리고 지금 김건희 여사 황제 출장서비스 조사 당시에 수사 지휘 책임자잖아요, 법무부 차관으로서요. 보고받으셨습니까?

심우정 법무부 차관이 수사…

박은정 사전에 보고받으셨어요?

심우정 보고 못 받았습니다.

박은정 사전에 보고도 못 받고 그 후에… 그 당시에 대검하고 중앙지검하고 저 난리가 났잖아요. '연락이 끊겼다' '진상 파악에 내홍 격화', 이거 법무부에서 대검에 진상 파악이나 감찰이나 어떤 사실관계 확인하셨어요?

심우정 그런 사실 없습니다.

박은정 대검하고 중앙지검하고 저 난리가 났는데도 법무부는 가만히 있습니까? 저게 무슨 국가기관입니까? 법무부 차관으로서 아무 책임 없으세요? 이 모든 검찰 신뢰가 추락된 데 본인 책임이 있으신 것 같은데 무슨 신뢰를 어떻게 회복하시겠다는 건지 제가 모르겠습니다.

외로운 인고의 시간

떠날 수밖에 없었던,
그리고 홀로 있었던 은정

검사 임은정은 후배다. 검찰 내에서 할 말을 하는 검사였다. 척박하고 불합리한 검찰 조직에 홀로 맞서 검찰 개혁이라는 시대의 과제를 수행하기 위해 우뚝 서 있는 사람이다. 후배이지만 존경스럽고 훌륭한 검사이다.

나는 검찰을 나오며 임 검사가 혼자 그 안에서 어떤 고생을 할지 너무 뻔하게 보였다. 내가 그 안에 있으면 큰 도움은 되지 못하더라도 함께 상의라도 나누고 조언이라도 해줄 텐데 그걸 해줄 수 없게 되어 마냥 안타까웠다. 그러나 임 검사는 꿋꿋하고 흔들림 없는 사람이므로 자신의 길을 잘 갈 것이라는 믿음도 있었다.

2024년 8월 검사 탄핵청문회에 유일하게 출석하여 홀로 증인석을 지키고 있는 임 검사를 마주했다. 우리가 여기 이 자리에서 이렇게 만날 수밖에 없다는 사실이 참담했다. 그날 다른 증인들이 모두 나오지 않은 상태에서 청문회가 공전될 수도 있었는데 임은정 증인이 용기 있게 자신의 역할을 하러 나온 것이 고마우면서도 한편으로는 선배로서 많이 미안했다. 내가 검찰에 있을 때 검찰을 바꾸기 위해 더 노력했더라면 하는 아쉬움이 파도처럼 밀려왔다.

검사(김영철) 탄핵소추사건 조사 청문회 2024. 8. 14

박은정 역사상 최초로 진행되는 검사 탄핵 조사에 용기 있게 출석해 주셔서 고맙다는 말씀을 드립니다. 증인도 저도 검찰에서 감찰을 담당했었고요. 검찰은 제 식구 감싸기가 극도로 계속해서 진행되던 조직이었고 김학의 동영상이 나와도 김학의가 아니다라고 말했던 조직이기 때문에 이 검사에 대해 지난 5월에 대대적으로 보도가 되었음에도 불구하고 검찰 내부에서 아무도 진상조사를 하거나 감찰이 진행되지 않았습니다. 그렇기 때문에 오죽하면 국회가 이렇게 나서게 되었던 것입니다. 그리고 아까도 말씀드렸다시피 그 내용은 이것이 인정될 경우에는 파면에 이를 정도로 중대한 비위에 해당합니다.

임은정 증인께 묻겠습니다. 검사인사규정을 좀 올려 주시지요. (영상자료를 보며) 검사인사규정을 보시면 수도권과 지방을 교류하도록 검사를 전보시키도록 규정되어 있습니다. 증인과 김영철 검사의 프로필을 올려 주십시오. 증인 한번 보세요. 지금 조사 대상인 김영철 검사와 증인의 인사 과정을 보시면 어떻습니까? 이 친윤 검사들은 지금 어디에도 지방 근무를 하지 않습니다. 증인과 비슷한 시기에 검사로 임관했고 그리고 증인은 내부고발자로서 핍박받기는 했지만 전국의 많은 검사들이 저렇게 지방을 다닙니다, 증인을 포함해서요. 그런데 김영철 검사의 프로필을 한번 보십시오. 증인은 이것에 대해 어떻게 생각하십니까?

임은정 윤석열 대통령님 이전에도 잘나가는 검사들은 서울 근처에만, 시골에 간다 하면 서울북부지검에 가던 검사 시절도 노무현 대통령 때 있었다고 제가 들었으니까요. 잘나가는 검사들은 수도권에만 있고 그리고 발령이 정식으로 안 나더라도 비공식 파견으로 했던 것은 흔히 있는 일인데. 본인들이 원하는 수사 결과를 내줄 유능한, 저로서는 '사냥개'라고 더러는 표현하는데 유능한 결과를, 내가 원하는 결과를 내줄 사람들을 가까이 쓰는 것은 검찰에서, 여기에 계신 검찰 출신들 다 많이 보셨지 않습니까? 박균택 위원님이나 이성윤 위원님도 다 검찰국장 출신이시니까. 그런 사람들이 좋은 복무평정, 내가 원하는 대로 수사 결과를 내준 사람들한테 S나 A, 가장 좋은 평정을 주면서 요직만 다니는 것은 검찰의 많은 병폐, 검찰의 악순환인데요. 좋은 사람들이 오히려 튕겨 나가고 원하는 수사를 내주는 사냥개와 같은 사람이 출세하는 것은 검찰개혁의 원인이 되었던 오랜 병폐인데 그러한 사례라고 생각합니다.

검찰 독재의 깜깜한 어둠 속에서 인고의 시간을 묵묵히 걸어온 후배의 미소를 보니 선배로서의 회한과 미안함이 울컥하며 뒤섞여 버렸다. 형사사건의 피해자들을 마주하며 국민의 공복으로 일했다는 자긍심과, 윤석열이라는 괴물을 만나 친정집마저 압수 수색의 대상이 되었던 참담했던 과거의 일들까지 등사기의 필름처럼 아련하게 후두둑 쏟아져 내렸다.

 이날 정치검찰의 패악을 증언하기 위한 자리에 임은정은 홀로 있었지만, 그녀는 더 이상 혼자가 아니다. 권력에 천착한 정치검찰에 종언을 고한 국민의 명령이 광장을 뒤덮었기 때문일 것이리라. 함께 웃으며 다시 마주할 그날을 그리며, 각자의 자리에서 각자의 방식으로 싸워나가기를, 우리는 서로가 서로를 진심으로 응원한다. 각고의 치열함으로 나처럼 하루하루를 홀로 버텼던 임은정을 두 팔 벌려 안아주고 싶다.

마음속에 쓴 일기 19

나는 후퇴하지 않는다.

결국 홀로 싸운다.

싸울 때 뒤를 보지 않는다.

낭떠러지라도 할 수 없다.

승패는 하늘의 뜻이다.

그게 내 일이라면 물러서지 않고 끝까지 싸울 뿐이다.

법사위 회의장에서

검찰 개혁

우리는 어떤 검찰을 원하는가?

내가 법무부 감찰담당관으로 윤석열 검찰총장을 감찰한 이유는 특별하지 않다. 그것이 나의 일이기도 했지만, 내가 일하는 곳이 괜찮아졌으면 좋겠다는 마음이 컸다. 그래야 그곳에서 하는 일에 보람을 느끼게 되지 않겠나. 그 마음은 우리 직장이 비위의 온상으로 사람들의 지탄을 받으면 속상하고 부끄러운, 여느 회사원과 같은 마음이었을 것이다.

그래서 나는 조직의 우두머리인 검찰총장이 저래서는 안 된다고 생각하고 징계 청구를 한 것이었다. 그리고 대통령이 된 그가 국가기관을 엉망으로 만드는 3년을 우리는 지켜보았다.

이제는 더 이상 검찰 개혁을 늦출 수 없다. 검사의 수사권 박탈, 조직 재편 등 시스템을 바꾸는 동시에, 검사라는 구성원이 스스로 변화하고, 검사에 대한 우리의 인식도 달라져야 가능한 일이다.

검찰이 무소불위의 권력을 지니게 된 지난 70년 동안 그들은 수사권과 기소권이라는 독점적 권한을 누려왔다. 어떤 권력도 견제 없이 독점하면 부패할 수밖에 없다는 사실이 윤석열이라는 괴물 정권의 탄생으로 재확인되었다. 검찰 권력의 끝판왕이 헌법재판소에서 파면에 이르기까지 얼마나 많은 국가 시스템을 망치고 국민의 존엄을 묵살했나.

이 안타까운 전철을 밟지 않기 위해서는 검찰 권력이 민주적으로 통제되고 분산되어야 한다. 그리고 검사가 평범해져야 한다. 나의 검찰 개혁은 검사가 동사무소 직원처럼 평범한 공무원이 되도록 하는 것이다.

검사의 권한이 법률적으로 제한되고, 틀에 짜인 권한을 매뉴얼에 따라 행사하게 하여 국가의 일을 수행하는 평범한 공무원이 되게 해야 하는 것이다. 검사가 정의를 구현하기 위해 멋있을 필요도 없고, 불의와 싸우거나 조직에 충성할 이유도 없다. 그저 성실하게 주어진 업무를 수행하는 공무원이 되어야 한다.

사실, 3년 전 국민들은 윤석열 검사를 멋있는 검사라고 생각하지 않았는가? 그래서 누군가 나에게 "박은정 검사는 멋있는 검사였던 것 같아"라고 말하는 것이 썩 좋지 않다. 검사를 영웅으로 만드는 것은 사람들의 꿈이고 환상이다. 정의로운 검사는 없다. 단지 그런 환상을 경계해야만 할 뿐이다. 나는 오늘 대한민국이 직면한 문제가 그런 환상에서 출발했다고 생각한다.

수사권과 기소권, 양날의 칼을 손에 쥐고

검사가 행정 공무원으로서 자신의 본분을 자각하고, 자기 일을 동사무소 직원처럼 성실히 수행할 수 있도록 만들어 주는 것이 검찰 개혁의 시작이자 끝이다. 이를 위해 검사가 혼자 북 치고 장구 치고 다 하지 않도록 수사·기소 권한을 분산시키고, 조직이 비대해지지 않도록 민주적으로 통제해야 한다.

그리고 이제는 국민들에게 여쭤보아야 한다. 최근 검찰과 공수처가 내란 수사를 하는 모습을 보고 어떠셨는가를. 검찰이 김용현 국방부 장관을 긴급 체포하여 2일 만에 구속시키고, 여세를 몰아 특수전사령부와 방첩사령부를 압수 수색하는 모습을 보며 사람들은 "그래도 검찰이 잘해"라며 속 시원한 수사를 기대했다. 검찰이 수사권과 기소권을 함께 가지고 있기 때문에 사건을 속전속결로 처리할 수 있었다. 그러나 검찰은 법원이 윤석열을 말도 안 되는 이유로 구속취소하자 마땅히 해야 할 즉시항고도 하지 않고 국민의 분노를 외면한 채 그를 풀어주었다.

반면 공수처는 내란 수괴에 대한 체포영장을 집행하지 못한 채 경호처의 방해로 철수했으며, 그를 다시 체포·구속하기까지 거의 한 달이 걸렸다. 국민은 애간장을 태우며 공수처의 수사를 답답해했지만 공수처는 결국 윤석열 피의자를 구속했다. 그 과정에서 피의 사실이 언론에 흘러나오지도 않았다. 물론 조직의 규모 면에서 현격한 차이를 감안한다 하더라도 두 기관의 사건 처리 속도를 보면서 우리는 어떤 선택을 해야 하는지 고민하지 않을 수 없다.

사법 선진국에서 단 이틀 만에 피의자를 구속하는 경우는 드물다. 속전속결에 따르는 수사의 부작용이 크기 때문이다. 그 막대한 권한에는 잘못된 수사와 인권 침해라는 함정이 있다. 윤석열 검찰이 정적에 대해 두더지 때려잡듯 무자비하게 수사를 감행했을 때 온갖 수사 상황이 언론에 보도되었다. 사건과 아무런 관련 없는 가십성 얘깃거리들이 검찰에서 유출되어 한 사람의 인생을 망가뜨리기에 충분했다. 더불어민주당 이재명 대표와 우리 당 조국 대표는 또 어땠는가? 우리 모두는 기억하고 있을 것이다.

속전속결 파헤치기식 수사가 어쩌면 속 시원하다고 느껴질 수도 있겠지만 당하는 상대에게는 너무 가혹하고 무자비하다. 잘못에 대해 처벌만 받으면 되는 일인데 사적인 생활이 다 드러나 여론의 뭇매를 맞고, 더 이상 삶을 이어갈 수 없는 지경에 이르는 경우가 생기기도 한다. 그리고 그 수사를 한 검사는 국민적 호응을 받으며 영웅이 된다. 바로 이렇게 탄생된 것이 윤석열 검찰 정권이었다.

검찰이 무능해서 사건의 실체를 밝히지 못하는 것은 문제이지만 좀 늦더라도 선을 지키면서 수사를 해야 한다. 인권을 지키는 것이야말로 검사의 본분이기 때문이다. 검사가 서 있어야 할 곳은 판사와 경찰의 사이다. 그렇지 않다면 경찰이 범죄를 수사하고 판사가 범죄를 벌하면 될 텐데 왜 검사가 존재해야 하는가? 검사는 경찰 수사 과정에서의 인권 침해를 막고, 판사의 전횡 역시 막기 위해 존재한다. 검사가 피의자의 인권을 지키는 보루가 되어야 하는 이유이다.

하지만 역사 속에서 우리나라 검찰은 그러지 못했다. 피의자의 인권 보장보다는 경찰 수사를 진두지휘하고 피의 사실을 언론에 흘려 재판정에 들어서기도 전에 인민재판을 연다. 수사권과 기소권, 양날의 칼을 손에 쥐고 검찰의 입맛대로 사건을 굴리는 것이다.

바람직한 검찰의 방향성을 국민과 함께
우리는 어떤 검찰을 원하는가?

이 질문에 답하기 전에, 한 가지 명심해야 할 것이 있다. 내가 검찰의 수사 대상이 될 수 있다는 지극히 당연한 인식을 가져야 한다. 모든 수사는 가혹하다. 국가가 인정한 폭력이기 때문에 당사자는 수사를 받는다는 것 그 자체만으로도 두렵고 힘들다. 그런데 그 수사 권한을 남용하고, 더욱이 언론에 피의 사실을 유출해 한 사람의 인생을 망가뜨리는 것은 죄의 유무를 떠나 있어서는 안 될 일이다.

그래서 검찰의 수사권한은 분리되고 통제되어야 한다. 수사 속도가 비록 느리고 다소 답답하더라도 피의자의 인권을 충분히 보장하고, 법이 정한 절차에 따라 죄를 묻고 벌해야 한다. 그럴 때에야 비로소 피고인이 자신의 죄와 벌을 수긍할 것이고, 법치가 세워진다.

어찌 보면 너무 당연한 것 같지만 이렇게 수사 절차와 검찰 제도가 정착되면 더 이상 검찰이 정치검찰화 되지도 않고 정치검사가 세상의 영웅으로 떠오르지도 않을 것이다. 어느 동네 검찰청이나 검사들이 하는 일은 똑같을 것이기 때문이다.

2024년 8월, 조국혁신당은 검찰 개혁 4법(공소청법, 중수청법, 수사절차법, 형사소송법)을 당론으로 정하고 입법 발의했다. 여기에는 내 의견뿐 아니라 그동안 많은 사람들이 제기한 검찰 개혁에 대한 의견을 담았다. 이제 새로운 정부가 들어섰으니 검찰 개혁을 중요한 의제로 추진하며 법안을 다듬고 바람직한 검찰 개혁을 신속히 완성해야 한다.

나는 오랫동안 검찰 속에 있었고, 수사를 해봤고, 수사를 겪었다. 개혁 대상인 검찰을 잘 알고 있는 내가 해야 하고, 또 잘할 수 있는 일이라 생각한다. "3년은 너무 길다"며 시작한 우리의 싸움이 1년 만에 윤석열의 파면으로 끝났다. 그리고 우리에게 새롭게 주어진 검찰 개혁이라는 과제를 나는 성실히 수행할 작정이다.

검찰개혁 4법

검찰개혁의 시계를
다시는 되돌리지 못하도록

영장청구권·수사권·기소권을 다 가지면서 윤석열 검찰 정권의 보위 기관으로 전락한 검찰을 더욱 철저히 개혁해야 한다. 나는 2024년 8월, '검찰권력 해체' 마스터플랜을 공개하고, 국회 법제실 검토 두 달 만에 법안을 발의하였다. 검찰개혁의 시계를 다시는 되돌리지 못하도록 더욱 꼼꼼하고 치밀하게 법안을 준비하였다.

검찰개혁 4법은 검찰 권력 해체의 시작이다. 국민이 명령한 검찰개혁의 완수와 윤석열 검찰독재 정권의 조기 종식을 위해 개혁 과제들을 빈틈없이 추진해 나갈 것이다.

[검찰개혁 4법 주요 내용]

1. 공소청법 제정
— 검찰청 폐지 및 수사권은 신설된 중수청으로 이관
— 수사의 적법성 통제, 공소제기, 공소유지만 담당하는 공소청 신설
— 기소권에 대한 시민 통제를 위해 공소청에 기소심의위원회 설치

2. 수사절차법 제정 & 형사소송법 개정
— 형사소송법상 수사 부분을 분리하여 독립된 수사절차법으로 제정
— 형사소송법의 검사 수사 관련 규정 모두 삭제 및 개정
— 적법절차와 인권보호 관련 원칙 구체적 명시
— 형사사건 공개금지 상세 입법을 통한 故 이선균 사례 방지

3. 중대범죄수사청법 제정
— 부패·경제·공직·선거·방위사업·마약 범죄 및 대형 참사에 대한 직접 수사권 부여

4. 중대범죄수사청 신설
— 공소청을 통한 영장청구 등 수사권 오남용 견제 장치 마련

이와 관련해 국회 소통관에서 기자회견을 열어 법안 취지와 내용을 국민들께 설명드리고 법안을 공개하였다. 내가 속한 검찰독재조기종식특별위원회가 3개월 동안 공들여 만든 결과물인 '검찰개혁 4법'은, 3개의 제정안(공소청법, 중수청법, 수사절차법)과 1개의 개정안(형사소송법)으로 이뤄져 있다.

핵심은 검찰의 수사권을 신설될 중대범죄수사청에 이관하고 검찰을 기소와 공소유지만 전담하는 공소청으로 만드는 것이다. 분리된 기소권과 수사권은 각각 기소심의위원회 설치와 중수청 분할, 수사절차법 제정 등으로 통제받도록 하였다. 법원과 대등하도록 설정된 대검, 고검 제도도 폐지해 검사의 지위를 행정부 공무원과 같도록 할 것이다. 검사장 제도 또한 폐지될 것이다.

검찰로부터 이관된 수사권은 신설될 중수청이 갖는다. 검사가 속하지 않은 수사조직인 중수청은 부패, 경제범죄와 함께 공직범죄, 선거범죄, 방위사업 범죄, 대형 참사, 마약범죄를 직접 수사한다. 다만 강제 수사를 위한 영장청구는 공소청을 통하도록 하여 수사권 오남용을 막기 위한 견제 장치도 마련하였다.

표적 수사, 기우제 수사, 경마중계식 수사의 악습을 차단하기 위해 수사절차법 제정안에 형사사건 공개 금지, 별건·타건 수사 금지를 명문화하였다. 증거주의 확립, 압수 수색 영장 발부 요건 강화 등도 담았다. 수사절차법은 가혹한 수사로 유명을 달리한 세계적인 배우 이선균을 기리며 '이선균법'으로 명명했다.

이선균법 제정은 우리 당 총선 공약이기도 했다.

　결론적으로 집중된 권한은 쪼개고 그 쪼갠 권한도 서로 감시·견제하도록 한 것이다. 빈틈없이 법안을 만든다고 노력했지만 부족한 부분이 없지 않을 것이다. 그 부분들은 법조계 전문가들과 국민 여러분들의 의견을 받아 채울 것이다.

facebook 2024. 8. 26

〈행복의 나라〉 영화를 보고 왔습니다.

1979년과 1980년 봄.

그 시절 자신의 자리에서 책임을 다했던 한 군인을 기억하는 울림이 있는 영화였습니다. 박태주를 연기한 **故** 이선균 배우를 마지막으로 볼 수 있었던 뜻깊은 자리이기도 했습니다.

우리는 윤석열 정부의 과잉 수사로 세계적인 배우를 잃었습니다. 수사 과정의 인권침해는 어떤 경우에도 정당화될 수 없을 것입니다.

이번 주 〈이선균 방지법〉을 포함한 수사절차법 등 검찰개혁 입법 발의를 하려고 합니다. 반드시 22대 국회에서 관철시킬 것입니다.

영화에서 "잘 있게"라고 말하고

우리 곁을 떠난 아름다운 배우 이선균을 오래 기억합니다.

행복의 나라에서 평안에 이르렀기를.

검사들만의 특권인 검사징계법 폐지해야

나는 2024년 8월 검사징계법폐지법률안을 대표 발의하였다. 검사들은 행정부 공무원임에도 징계에 대하여 제 식구인 검찰총장을 징계청구권자로 하는 검사징계법으로 특별한 대우를 받는다. 중대한 비위를 저질러도 국회의원 1/2 이상을 요하는 탄핵소추에 의하지 않고는 파면도 되지 않는다.

후배 여검사에게 성폭력 범죄를 저질러도 징계 절차는 아예 진행되지 않았고, 간첩조작 사건의 담당 검사는 겨우 정직 1개월 처분을 받고 명예롭게 검찰을 떠났으며, 심지어 법원에서 실형 선고를 받은 검사에 대하여도 징계 무혐의 처분으로 신속하게 '봐주기'를 해왔다.

이에 반해 검사를 제외한 행정부 공무원의 징계에 관한 사항은 대통령령인 공무원 징계령에 따라 정해진다. 경찰, 군인, 국가정보원 직원 등 특정직 공무원도 모두 공무원 징계령을 따른다. 이에 검사의 징계제도를 일반 공무원과 동일하게 적용하도록 검사징계법을 폐지하고, 검찰청법상 규정되어 있는 검사 탄핵제도를 삭제하여 검사도 징계에 의한 파면이 가능하도록 개정하였다.

이 법률안을 통해 검사가 특권 계급이 아닌 일반 공무원과 같다는 점을 명확히 하고 공직 형평성과 공정성을 도모할 수 있을 것으로 기대된다. 앞으로도 검찰개혁 입법을 추진하는 과정에서 그동안 검찰이 누려왔던 무소불위의 특권들을 점검해 검찰이 국민들의 눈높이에 맞는 행정직 공무원 조직으로 거듭날 수 있도록 할 것이다.

사법개혁의 시작

사법의 정의와 형평, 사법의 정치화

2025년 3월 26일 서울고등법원에서 이재명 민주당 대표의 공직선거법위반 사건에 대하여 유죄를 선고한 원심을 파기하고 전부 무죄를 선고하였다. 판결문을 읽어 보았다. 내가 생각한 1심 판결의 문제점까지 포함하여 모든 사실에 대하여 세심하게 고민하고 치밀한 논리로 철저히 분석한 명문의 판결문이었다.

    이로써 윤석열 검찰 독재정권이 꿈꾸었던 이재명 대표의 대선 전 피선거권 박탈 시나리오는 물 건너가는 듯했다. 검찰의 상고와 상고이유서 제출을 계산하더라도 대법원 상고심은 최소 3개월 뒤인 6월 26일 이후에 선고될 것이었기 때문이었다.

    그러나 2025년 4월 22일 갑자기 대법원에서 위 사건을 대법원 2부에 배당하더니 오후에는 바로 전원합의체에 회부하고 첫 합의기일까지 진행하였다. 그러고는 4월 24일 다시 전원 합의기일이 진행되었고, 2025년 5월 1일 대법원은 조희대 대법원장 주도하에 이재명 대표의 공직선거법위반 사건에 대해 유죄 취지로 파기 환송하는 판결을 선고하였다. 그것도 전 국민에게 생중계되는 법정에서.

윤석열 정부 3년 동안 정치검찰의 행태를 끝없이 경험하였다. 정치는 사라지고 오로지 정적 죽이기 수사로 정치하는 검찰이 국정 전면에 나섰다. 정치부 기자들은 서초동을 취재해야 정치 기사를 쓸 수 있다며 자신들이 법조 기자인지 정치부 기자인지 자괴감이 든다고 했다. 그런 정치 검찰에 이어 대법원은 이재명 대통령 후보에 대하여 유례없는 전원합의체 판결로 선거에 개입했다. 유력한 대통령 후보의 자격을 박탈시킬 수도 있는 사법 쿠데타를 시도한 것이다.

다음 날 법사위에 출석한 법원행정처장에게 '대법원 전원합의체 기일을 살펴보면 대법관들은 전원합의체에 회부되고 두 번에 걸친 기일에서 결론을 낸 것으로 보아 2~3일 만에 6만, 7만 페이지의 사건 기록을 검토했다는 것인데 가능한 것인지' 따져 물었다. 법원행정처장은 대법관들이 사건 기록을 전자문서화해서 모두 검토했다고 답변했고, 나는 전자기록을 열람한 로그기록을 제출하라고 요구했다.

그러나 대법원은 그 직후 법원행정처장의 답변과는 달리 언론에 "기록을 모두 검토하고 선고할 필요는 없다"는 입장을 내놓았다. 나는 대법원은 자기들끼리 말을 맞추기 바란다고 실소를 보냈다.

내 질의 이후 100만 명이 넘는 국민들이 로그기록을 공개하라는 청원에 서명했다. 대법원의 노골적 대선 개입으로 판단한 국민들의 당연한 분노였다. 대법원은 아직까지 로그기록은 따로 관리하고 있지 않다며 제출하지 않고 있다. 의원실에서 확인한 결과 최근 5년간 대법원의 사건 진행 기간은 한 사건당 평균 3년이 넘었다. 유독 이재명 대통령 후보에 대한 재판만 전원합의체 회부 9일 만에 결론을 낸 것이다.

사법 쿠데타

이재명 대통령 후보의 공직선거법 위반 상고심 판결에 이름을 올린 이숙연 대법관은 불과 몇 달 전 인사청문회에서 국민의 표현의 자유를 더 존중하는 판단을 하도록 노력하겠으며, 권력자의 편을 들어준 판결에 대하여 반성한다고 했다. 그러나 그녀는 인사청문회에서의 답변과는 달리 대선을 불과 한 달 앞둔 시점의 유례없는 사법 쿠데타에 동조하였다.

대법관(이숙연) 인사청문특별위원회 2024. 7. 25

박은정 후보자님께서는 2010년 6월 10일 후보자가 서울중앙지방법원 형사12단독 판사일 때 노무현 전 대통령 영결식장에서 소란을 피운 혐의로 백원우 전 민주당 의원에게 벌금 100만 원을 선고하셨습니다. 기억하시나요?

대법관 후보자 이숙연 기억합니다.

박은정 사건 당시 백원우 전 의원은 영결식의 장의위원 중 한 명으로서 영결식을 진행하는 사람 중 한 명이었습니다. 그런데 영결식 중에 이명박 전 대통령 부부가 헌화하러 나가는 순간 자리에서 일어나 "사죄하라. 어디서 분향을 해"라고 외치다가 경호원에게 제지당했습니다. 기억하십니까?

이숙연 예, 기억합니다.

박은정 이에 대해 유죄를 선고한 후보자와 달리 항소심과 대법원에서는 백원우 전 의원에 대해 무죄를 선고했습니다. 판결문 내용을 보면 행사장의 질서유지도 중요하지만 권력자에게 할 말을 할 수 있는 표현의 자유를 보호하는 것이 더 중요하다는 취지인 것 같습니다. 후보자는 이 판결에 대해 어떻게 생각하십니까?

이숙연 그 판결에 대해서는 저도 정말 많은 고민을 했었습니다. (중략) 고인께서 전 국민의 대통령으로서 돌아가셨고 그 추모의 장으로 마련된 행사였기 때문에 거기에 대해서는 장례위원이라 할지라도 장례식 방해에 고의가 있다고 볼 수 있다 이렇게 판단을 했습니다. 그런데 말씀하신 대로 항소심에서 무죄 판단이 나왔고요. (중략) 역시 '의심스러울 때는 피고인의 이익으로'라는 법언을 생각하면서 저도 많이 저를 돌아보게 됐습니다. 그래서 저에게는 사실은 이 부분은 아쉬운 판결이기도 합니다.

박은정 반성하셔야 되는 판결 같은데요, 제가 보기에는. 무죄가 나서요.

이숙연 예

박은정 후보자가 판결 낸 이 사건과 유사한 일이 최근에도 있었습니다. 올해 2월 카이스트 학위 수여식에서 한 졸업생이 윤석열 대통령에게 R&D 예산 삭감을 항의하다가 경호원들에게 입을 틀어막히고 사지가 들린 채 퇴장당했습니다. 이후 이 학생은 업무방해죄로 경찰 조사까지 받았습니다. 그런데 권력자가 듣기 불편한 말을 했다고 입을 틀어막고 끌어내는 모습이 상당히 유사합니다. 다행히 카이스트 대학생은 업무방해죄에 대해 무혐의 결론이 나서 경찰에서 불송치되었습니다. 만약 후보자가 이 사건을 판단했다면 어땠을까, 백원우 전 의원의 사건처럼 권력자의 편을 들어주지 않았을까 의심스럽습니다. 후보자가 대법관이 된다면 윤석열 정권의 입틀막도 옹호해 주는 권위주의적인 판결을 할 것으로 걱정이 됩니다. 어떻게 생각하십니까?

이숙연 저도 그 판결 이후에 저를 많이 돌아보고 반성도 했습니다. 그래서 국민의 표현의 자유를 더 존중하는 그런 판단을 하도록 노력하겠습니다.

이제 국민들은 검찰개혁에 이어 사법개혁도 원한다

위 대법원 판결은 내용 면에서도 문제가 많았다. 발언의 허위 사실의 판단은 국민의 인식을 기준으로 해야 한다고 했는데, 국민의 인식이라는 것은 객관적으로 입증할 수 있는 것이 아니다. 법원이 국민의 인식을 기준으로 허위라고 하면 허위사실이 되는 것이고, 아니라고 하면 아닌 것이다. 원님 재판에 다름 아닌 것이 되고 만다.

우리 편은 무혐의이거나 무죄이고 상대방은 무조건 유죄로 만들 수 있는 것이다. 그러한 공직선거법상의 허위사실공표 조항은 위 대법원 판결로 빛과 존재 가치를 상실하고 폐지되어야 하는 것이 되었다. 명확성과 예측 가능성이 없는 법률은 존재할 가치가 없는 것이다.

법사위원회 전체 회의 2025. 5. 2

어제 조희대 대법원장께서 판결문을 낭독하시면서 대통령 후보의 발언의 허위 사실의 판단은 국민의 인식을 기준으로 해야 된다고 말씀하시던데요, 국민의 인식을 기준으로 한다면 대법원은 폐지되어야 된다고 저는 생각합니다.

이제 국민들이 검찰개혁에 이어 사법개혁도 주장하기 시작한 이유이다. 국민들은 윤석열이라는 괴물 정권의 탄생을 막지 못한 채 내란으로 파면하기까지 피눈물로 광장에서 싸웠는데 그렇게 얻은 이번 대선에서의 투표권을 선출받지 않은 사법권력이 빼앗으려 했다는 것에 너무도 분노했다.

헌법상 최고법원으로서의 대법원의 영향력은 막강하다. 조희대의 대법원은 야당의 유력 대선 주자에게 소송 기록도 제대로 읽지 않고 말도 되지 않는 단시일에 상고심 판결을 선고하여 형사사법의 형평을 무너뜨렸다. 희대의 정치적 판결, 대법원이 사법 불신의 본산이 되었고 사법의 정치화의 결정적인 원인을 제공하였다,

이제 사법부는 국민의 불신과 물음에 제대로 된 사법개혁으로 거듭나야 할 때다. 국민들은 윤석열 검찰독재와 내란을 겪으며 민주주의를 지키고 헌법을 수호하는 마지막 보루가 사법부라는 사실을 뼈저리게 경험하게 되었다. 물러날 수 없는 사법개혁이 우리 앞에 놓인 과제일 것이다.

6장
정의가 강물처럼

우리의 국민

옳음이 언젠가는 승리한다는 믿음으로

국회의원이 되고, 나는 '국민'이라는 특별한 사람들을 알게 되었다. 사회 교과서나 육법전서에서 관념적으로 스쳐 지나갔던 단어가 아니라 광장에서 만나고 인사하고 함께 구호를 외치는 사람들, 바로 국가를 이루는 실체로서의 국민이었다.

    광화문 집회에서, 한남동 집회에서, 그리고 남태령 집회에서… 그 추웠던 2024년 겨울밤을 지새며 한 목소리로 외치는 수많은 사람들을 만나며 정말 경이롭고 감동적이었지만 동시에 궁금했다. 저 많은 사람들이 끝까지 포기하지 않는 이유는 뭘까? 그 힘은 어디서 나오는 것일까? 개인의 삶을 살기에도 퍽퍽한 세상에서 자신의 유불리를 따지지도 않고 저렇게 자기 시간과 에너지를 쏟아내는 이유가 도대체 무엇인지 궁금했다.

광화문 앞을 수놓은 응원봉 물결을 보며 예전 어머니께서 하셨던 말씀을 떠올렸다. "항상 착함의 끝은 있다." 그 말은 좀 손해를 보더라도 착하게 살다보면 그 끝에 보답이 주어진다는 뜻이다. 손해 보는 것을 좋아하는 사람이 어디 있겠는가. 그래서 착하게 행동하면 그 때문에 손해를 보거나 해코지를 당할 수도 있다고 생각하고 우리는 종종 이기적 선택을 하기도 한다. 하지만 어머니는 언젠가 그 착함에 보상이 있다고 믿으셨던 것이다. 착함의 끝에 정말 보상이 있는지는 확인할 수 없지만 어머니의 순박한 믿음과 광장에 나온 사람들의 믿음은 맞닿아 있다.

그것은 나 자신에 대한 믿음이었고, 내가 선택한 옳음에 대한 믿음이었다. 그리고 옳음이 언젠가는 승리한다는 믿음으로 국민들은 흔들리지 않았다. 각자의 굳건한 믿음이 모이자 큰 흐름을 만들고 결국 어마어마한 힘이 되었고 국민의 권력이 되었다.

광장의 경험은 24년을 검사로 살아온 나에게 여러 변화를 주었다. 사실 2017년 박근혜 대통령 탄핵 당시에도 촛불집회 한 번 나가지 않았던 내가 이번에는 수많은 사람들 앞에서 무대에 올라 마이크를 잡고 연설을 했다. 사람들 앞에 나서는 일은 내가 가장 못하는 것일 뿐더러 겁나는 일이다. 하지만 윤석열과 싸우는 일이 얼마나 힘든 것인지 이미 경험했기에 사람들에게 힘이 되어주고 싶었다.

아무리 싸워도 좀비처럼 죽지 않는 상대와의 싸움에서 지치지 않는 것이 가장 중요하다고 여겼다. 그래서 용기를 내 단상 위에 올랐고, 4년 전 겪었던 싸움에 대해 사람들에게 말해 주었다. 지치거나 흔들려선 안 된다고, 단일대오여야 한다고 있는 힘껏 열심히 외쳤다. 그런데 솔직히 고백하자면 연설 중에 사람들이 환호할 때마다 머뭇거렸다. 환호가 언제쯤 끝나고 내가 언제쯤 다시 말을 이어가야 하는지 타이밍 맞추기가 어려웠다. 그렇게 어설픈 연설을 하는 나는 너무 어색하고 부끄러웠다.

광장에 나온 수많은 사람들과 순박한 믿음들

하지만 집회에서 연설을 하고, 방송에 나가는 일이 국회의원으로서 국민들과 함께 지치지 않고 싸우는, 서로가 믿음으로 연대하는 방법이었다. 어색하고, 가장 잘 못하고, 하기 힘든 일이 이제 점점 익숙해져 가고 있다.

거리에서 시민을 만나는 일이 늘 즐거운 것은 아니다. 내 마음처럼 빠르게 정리되지 않는 내란 시국, 검찰과 사법부의 황당한 결정들이 국민들 보기에 민망하고 안타까웠기 때문이었다. 거리에서 나를 붙잡고 말씀하시는 분의 뜻을 물론 이해하지만 마음의 빚이 쌓여가고 있음을 느꼈다. 한 사람의 국회의원이 얼마나 대단한 힘을 가지고 있다고…. 국민께 자신있게 화답하지 못해 속상했다.

사실 검사 시절 만났던 사람들, 피의자, 피해자 그리고 참고

인도 모두 국민이었다. 하지만 그분들은 개별 사건에 대해 제한된 입장에서 만나는 개개인이었고, 지금 내가 정치인이 되어 만나는 사람들은 다양한 주제에 대해 의견을 전달하는 각양각색의 사람들로 이루어져 있다.

간담회에서, 강연장에서, 거리에서 만나는 국민의 요구와 질문들은 무척 다양하다. 정치인으로서 뭔가 답을 해드려야 할 텐데, 준비되지 않은 내가 아직은 많이 부족하다. 과연 내가 그분들의 삶을 짊어질 든든한 어깨를 가지고 있는가? 기대에 부응할 해답을 가지고 있는가? 걱정스럽고 두렵다.

그러나 돌이켜보면, 윤석열 총장이 대통령이 되었을 때 나는 절망했었다. 저런 사람이 대통령이 될 수 있는 시스템이라면 대한민국은 굉장히 취약하다고 생각했었다. 거짓과 술수로 국민을 속이고, 비위와 협잡으로 권세를 누리는 윤 정권의 만행을 보며 세상을 불신했었다. 하지만 광장에 나온 수많은 사람들과 순박한 믿음들이 내게 위로와 격려를 주었다.

그 거대한 힘 앞에서, 깨어 있는 시민을 목도했다고 해야 할까, 민주주의가 실현되는 광장을 경험했다고 해야 할까, 아니면 큰 강물 같은 역사 속에 있었다고 해야 할까… 형언할 수 없지만 나는 완전히 새로운 것을 보았다. 그리고 그 믿음으로 우리는 무너지지 않을 것이라 믿었다. 더욱이 광장에서 응원봉을 든 젊은 세대들이 앞으로 대한민국을 책임질 것이라 생각하니 걱정이 사라지고 마음에 생기 찬 희망이 돋았다. 나는 언젠가 남태령과 여의도에 모였던 젊은이들 중에서 미래의 대통령이 나올 것이라 생각한다. 이들 때문에 우리 대한민국이 쉽게 무너지지 않을 테니까.

　　나의 걱정과는 달리 그분들은 늘 선의를 가지고 나를 지지하며 응원하고 기다려주신다. 아직까지는 그렇다. 부족한 나를 기다려주는 국민들이 그저 고마울 따름이다. 나의 손을 따뜻하게 잡아주는 사람들에게 '부지런히 갚아 나가야지, 언젠간 다 갚겠지' 스스로 다짐하지만 내 안의 부채감도 점점 늘어간다.

마음속에 쓴 일기 20

불분명한 언어로 삶을 정의하기는 쉽다.
가령 "삶은 질문하고 답하는 것이다."처럼
이런 말은 대부분 옳고, 경우에 어긋나지 않기에
그런 말로 다른 사람의 마음을 얻고자 하는 유혹이 있다.
나에게도 있다.

내가 그렇게 하지 않는 이유는 특별하지 않다.
그저 열심히 살았던 사람들의 모습이 지극히 보기 좋았다.
기회가 된다면 나 역시 그렇게 살고 싶었다.
반대로 그렇게 살지 않는 사람의 모습은 불편했다.
내 마음이 나아가는 방향으로 갈 뿐이다.

빛의 혁명, 응원봉 집회에서

고맙고 미안한 사람들

평화와 인권이
강물처럼 빛나는 나라를

한 마디, 한 마디에 함께 울었다. 2024년 9월에 열린 〈국회 5·18 성폭력 피해자 증언대회〉에는 10명의 피해자분들이 와주셨고, 용기를 내신 4명의 피해자분들은 무대 위에 섰다. 무려 44년 만이다. 1980년 5월, 광주는 참상 그 자체였다. 전두환 신군부의 극악무도함에 치가 떨릴 뿐이다. 피해자들이 묵묵하게 감내했던 인고의 세월이 얼마나 길었을지 가늠조차 되지 않는다.

    1988년부터 진행된 국회 광주특위 청문회를 통해 용기를 낸 피해자들의 최초 진술이 있었지만 5·18 민주화운동 당시 성폭력 피해 사실은 철저하게 은폐되고 진술조차 억압되어 왔다.

    "너무 끔찍해서 국민들이 믿어줄 것 같지 않다."

    "쟁점 사안이 아니다."

광주특위 청문회가 진행되었을 때, 책임을 피해자에게 지우거나 피해 진술 자체를 인정하지 않으면서 진상 규명은 요원하기만 했다. 금기와 터부로 점철되는 사회적 무관심 속에서도 용기를 내주신 피해자분들 덕분에 늦었지만 역사적 정의를 바로 세울 수 있는 그 시작이 바로 그날의 자리였다. 언론에서도 이를 엄중하게 다루었다.

한겨레신문 기사 2024. 10. 1

5·18민주화운동 진상규명조사위원회(조사위)는 조사 대상 19건 중 16건의 성폭력 피해에 대해 진상규명 결정을 내리고 국가 책임을 인정했다. 당시 성폭력 범죄가 계엄군이나 경찰 등 공무원의 수색, 체포, 조사 과정에서 일어나 직무 관련성이 인정되므로 개인의 일탈 행위가 아니라는 당연한 판단이다. 조사위는 피해자 치유와 명예 회복을 위한 권고사항을 명시한 종합보고서를 대통령실에 제출했다.

하지만 정부는 최근까지 피해자에게 진상규명 결정 통지서를 보낸 것 말고는 어떤 조처도 하지 않았다. 가뜩이나 윤석열 대통령은 '5·18 정신을 헌법 전문에 수록하겠다'고 공약해 놓고도 5·18 폄훼 논란을 일으킨 이진숙 씨를 방송통신위원장에 임명하는 등 말과 행동이 다른 모습을 보여왔다. 윤석열 정부가 5·18에 대한 진정성을 인정받으려면 성폭력 피해자에 대한 국가 배상과 치유, 회복을 위한 대책 마련에 당장 나서야 한다.

5·18에 대한 진정성은 앞으로가 더 중요하다. "나는 너다, 우리는 서로의 용기다"라는 오늘의 부제를 새기면서 연대와 지지 속에 국회도 함께 힘을 모으기로 했다.

지학순 주교님을 기리며

2024년 9월 사단법인 저스피스가 주관하는 '지학순정의평화상' 창립 30주년 후원의 밤 행사에 다녀왔다. 이 행사는 1970년대 군사독재에 맞서 싸우신 지학순池學淳 1921~1993 주교를 기념하며 평화와 인권을 기리는 행사이다. 사단법인 저스피스는 1994년 2월 지학순주교기념사업회가 태동하면서 설립되어 어느덧 30년에 이르렀다.

그날 뜻깊은 자리에서 최기식 신부님을 비롯하여 지학순 주교님을 기억하는 민주화 운동의 산 증인들을 뵐 수 있어 참으로 영광이었다. 지학순 주교님께서 1974년 박정희 군사독재에 항거하다 구속된 이후 시작된 진보적 사제운동이 정의구현사제단이다. 정의구현사제단은 2020년 겨울 내가 법무부 감찰담당관으로 윤 총장의 중대 비위에 대하여 감찰할 당시 나와 추미애 장관을 위해 앞장서 목소리를 내주셨다. 또한 윤 정부 들어 내가 가혹한 수사를 받고 힘들어할 때도 신부님과 수녀님들께서 나를 위해 매일 기도해 주셨다.

어느 신부님의 기도 2022. 10. 16

"박은정 검사님, ○○○ 신부입니다. 지금 가장 큰 십자가를 지고 가시네요. 힘내시고요. 많은 국민들, 생각이 있는 사람들은 박은정 검사를 지지하고 응원합니다. 힘내세요. 함께하겠습니다."

정의구현사제단의 산 증인 함세웅 신부님은 내가 윤석열 감찰에 대한 보복수사로 힘들어 할 때 손잡아 주신 분이다. 추미애 장관님과 함께 고생한 것을 기억해 주셨고 오래 검사로 남았으면 좋겠다고 간곡하게 말씀하셨다. 내가 해임되었을 때 누구보다 안타까워하셨고, 내가 정치에 나섰을 때도 응원해 주셨다. 80이 넘은 연세에도 눈빛이 형형하셨고 윤석열 독재정권에 대해 일갈하시는 모습은 내게도 큰 울림을 주었다. 아이처럼 농담도 잘하시고 그럼에도 정국에 대한 진단은 날카로우셨다.

수사를 한참 받을 때 정의구현사제단 신부님과 수녀님들이 매일 기도해 주신다는 게 큰 힘이 되었다. 머리가 복잡할 때는 한참을 걷다가 근처에 있는 성당에 가서 앉아 있기도 했다. 왠지 신부님과 수녀님들의 기도가 성당 안에 차 있을 것 같아 그곳에 앉아 있으면 마음이 편했다.

함 신부님께 어느 날 내가 여쭈었다.

"신부님 제가 원래는 불교인데 정의구현사제단 신부님들이 기도해 주시는 게 너무 좋아서 천주교로 개종해도 될까요?"

그랬더니 신부님이 "그냥 절에 가서 기도 열심히 하세요"라고 하셨다. 나는 성당 다니며 신앙 공부를 하라고 하실 줄 알았는데 의외로 말씀하셔서 조금 당황하기도 했다.

얼마 전 함세웅 신부님을 만나는 자리에 정의구현사제단 신부님, 수녀님들이 여러분 오셔서 내가 그 이야기를 다시 꺼냈다. 개종하려 했는데 함 신부님이 막으셨다고. 그러자 그 자리에 계신 신부님, 수녀님들이 함 신부님께 장난삼아 가볍게 항의하시기도 하셨다. 나는 함세웅 신부님의 넓은 마음을 알 것도 같다. 매일매일 성실하게 살아가다 보면 어느 종교이든 맞닿아 있을 거라는 가르침일 것이다.

두 어른의 뜻을 잇는 길

국회의원이 되고 처음으로 이희호 여사 서거 5주기 추도식에 다녀왔다. 추도식은 2024년 6월 5일 서울 동작동 현충원 현충관에서 열렸다. 많은 사람들이 이희호李姬鎬 1922~2019 여사를 영부인으로 기억하지만 영부인이기 이전에 걸출한 여성운동가였다. 미국 유학파가 드물었던 1950년대, 이화여대 교수가 될 수 있는 길을 마다하고 YWCA 총무직을 택하였다. 교수가 되라는 주변의 강권을 물리치고 못 배우고 가난한 여성들의 열악한 처지가 눈에 밟혔던 까닭이다.

　　YWCA에서 이 여사는 여성들을 위한 법률상담소를 운영하는 등 당시로선 획기적인 여성운동을 펼쳤다. 또한 널리 알려진 것처럼 민주화 운동가이자 김대중 대통령의 정치적 동지였다. 옥중의 김대중에게 매일 철학적, 신학적 논쟁거리와 함께 격려 편지를 보냈던 그는, 군사 독재정권의 가공할 탄압에도 언제나 김대중 곁을 지키며 지지하였다. "김대중 대통령 지분의 40%는 이 여사의 것"이라는 말이 있는 이유이다. 그는 아내이기에 앞서 정치적 동지였다. '입장의 동일함이 관계의 최고 형태'라는 논지가 떠오르는 대목이다.

　　추도식을 나오며 이희호·김대중 두 거인과 동시대를 살았다는 사실이 새삼 자랑스러웠다. 하지만 어른이 사라진 시대, 민주주의는 파괴되고 서민들의 삶은 벼랑 끝으로 내몰리고 있다. 윤석열 검찰독재를 끝장내고 약자들을 보듬는 사회권 선진국을 만드는 일이 두 어른의 뜻을 잇는 길이라 믿는다.

촛불의 힘

촛불과 응원봉으로 밝힌
진실의 빛

2024년 10월 명태균게이트가 터지고 윤석열 검찰독재 정권의 민낯이 드러나자 국민들의 분노가 높아졌다. 주말이 되면 시청 앞에서 열리는 촛불문화제에 시민들과 함께 참여했다. 그곳에서 만난 시민들과 함께 윤석열 정권의 무도함을 외치고 연대 의식을 느끼며 나는 정치인으로 성장하고 있었다.

촛불집회 현장에서 2024. 11. 9

〈촛불의 파도가 다시 일렁입니다〉
촛불시민들과 함께, 맨 앞에 섰습니다.
거리를 지나며 많은 분들이 연호하는 "윤석열 탄핵" "김건희 구속"의 외침을 또렷하게 들었습니다.

지난 주보다 더 큰 촛불의 파도가 다음 주에는 더 높은 국민의 함성으로 광화문에서 시청 광장, 숭례문을 가득 채울 것입니다.
저는 다음 주에도 그 다음 주에도 시민들과 끝까지 함께 하겠습니다.

지나치는 시민분들이 저를 보며 "유튜브 잘 보고 있다" "오늘도 나오셨냐" "응원한다"면서 손을 잡아 주셨습니다.
꽉 맞잡은 두 손에 절박함이 묻어납니다.
무너진 민생과 바닥을 헤매는 국격에 눈물이 났습니다.
다시 촛불을 들게 한 김건희·윤석열 부부에게 그 죗값을 묻고 대한민국의 주권은 국민에게 있다는 헌법적 가치를 반드시 구현하겠습니다.

혈세를 낭비하면서 시민들의 권리를 막는 무도한 정권

대통령이 국민과 싸우는 길을 택하면서 국민들을 거리로 나오게 하였다. 거리로 나온 국민들을 막아선 것은 곤봉과 방패로 무장한 윤석열 경찰이었다. 촛불집회에서 믿기 힘들지만, 경찰의 무자비한 진압이 있었다. 내 옆에서 촛불을 함께 들었던 한창민 사회민주당 대표는 갈비뼈가 부러지고 옷이 찢어진 채로 자리를 지켰다. 뒤늦게 그 소식을 접하고 분노를 금할 수 없었다.

김건희·윤석열 정권은 헌법을 지키려는 의지가 없었지만 우리 헌법 21조는 모든 국민의 집회·결사의 자유를 보장한다. 엄정하고 제한적으로 사용되어야만 하는 민주공화국의 공권력이 윤석열 퇴진을 요구하는 시민들의 입을 틀어막는 도구로 전락하였다.

촛불집회 현장에서 2024. 12. 15

존경하고 사랑하는 촛불 시민 여러분!
반갑습니다. 조국혁신당 국회의원 박은정입니다.
어제 간만에 잠 좀 제대로 주무셨습니까?
내란의 위협으로부터 안전했던 첫 밤이었습니다.
일상의 평온함을 회복하고 민주주의의 소중함을 경험했던 지난 열흘이었습니다.

우리는 불과 열흘 만에 나라를 정상으로 되돌려 놓는 저력을 보여줬습니다.
지난 열흘 동안 뜬눈으로 지새우며 실시간으로 상황을 공유했고, 생면부지 처음 보는 시민들과 어깨를 걸고 탄핵을 외쳤습니다.
핫팩으로 온기를 나눴고, 어느 이름 모를 시민들은 카페와 식당에 선결제를 하는 선행을 베풀기도 했습니다.

우리는 나보다는 이웃을, 그리고 공동체의 미래를 위해 형형색색의 응원봉을 들고 거리로 나왔습니다.

그렇게 각자 다르게 빛나는 응원봉처럼 우리는 저마다의 개성으로 자유롭게 토론하고 참여하는 민주공화국의 자랑스러운 촛불시민! 아닙니까?

내란 당일에는 국회 담벼락을 넘으려는 계엄군의 허리춤을 붙잡고, 장갑차를 맨 손으로 막아주신 것 또한 우리 국민과 촛불시민이었습니다.

그날, 여러분이 안 계셨더라면, 그리고 민주주의를 지키기 위해 의연하게 일어선 국민이 아니었다면, 저는 남태령 B1 벙커로 끌려갔을 것이고, 언론은 진실에 침묵했을 것입니다.

오늘 우리는 이렇게 함께 모일 수 없었을 것이고, 우리의 목소리를 내기 위해서는 많은 희생을 치렀어야 했을 것입니다. 그래서 이번 승리를 위대한 촛불시민의 승리로 불러야 하는 이유가 바로 지금 여기에 있지 않겠습니까?

여러분! 지난 2년 반 동안 국가는 없었습니다.

없느니만 못한 내란 정권이 있었던 것 아닙니까?

우리 국민은 입틀막 당한 채 사지가 들려서 내쫓겼고,

우리 국민은 응급실 뺑뺑이를 돌다 생명에 위협을 느꼈고, 우리 국민은 군대에 보낸 자식을 먼저 보내야 하는 비극의 주인공이 되어야만 했습니다.

내란 정권은 국민 민생에는 관심조차 없었습니다.
먹고사는 문제를 방치했고, 국민들은 각자도생에 내몰렸습니다.
불공정하고 몰상식한 김건희·윤석열 정부만 있었을 뿐입니다.
여러분 헌법 11조는 이렇게 시작합니다.
모든 국민은 법 앞에 평등하다.

여러분, 모든 국민이 법 앞에 평등합니까? 모든 국민 중에 단 두 사람! 김건희·윤석열에게 만큼은 법이 예외 적용됐다는 사실을 모두가 알고 있지 않습니까?
용산은 묵묵부답입니다.
탄핵이 됐지만, 인스타에도 올리던 그 흔한 사과 한마디 없습니다.
윤석열·김건희가 인간된 도리를 안다면, 불법 무허가 증축 관저에서 안락하게 탄핵재판 준비에 몰두할 게 아니라, 차가운 아스팔트에서 민주주의를 지키고 대한민국의 미래를 지켜준 촛불시민들을 향해 진정으로 사과부터 해야 맞지 않겠습니까, 여러분!

모든 국민이 법 앞에 평등하다는 헌법 정신을 수호하기 위해서는 공조본부에서 윤석열을 즉시 체포하고, 국회에서 의결한 김건희 특검법을 즉시 발효해야 합니다. 그렇지 않습니까? 여러분!

촛불시민 여러분, 탄핵이 끝이 아닙니다. 새로운 시작일 뿐입니다.
그래서 오늘 우리는 다시 모인 것 아니겠습니까?
내란 수괴 윤석열을 국민의 이름으로 반드시 파면하고,
내란죄에 대한 사법적인 책임을 묻고, 김건희의 온갖 위법한 비위 의혹에 대해 명명백백하게 밝혀서 법으로 심판하는 것!
그것이 바로 국민주권의 민주공화국이고, 무너진 헌정질서를 바로 세우라는 국민의 명령을 수행하는 길 아니겠습니까?

"주문, 피청구인 윤석열을 파면한다!"

여러분, 우리가 새해에 가장 듣고 싶은 멘트가 바로 이 멘트 아닙니까?
촛불 시민이 지켜낸 민주주의와 민주공화국의 정신은 내란수괴 윤석열의 파면과 김건희·윤석열을 역사의 심판대에 세우는, 대한민국을 정상화하라는 명령이라는 사실을 잘 알고 있습니다.

이뿐만이 아닙니다.

정의가 강물처럼 흐르고 민주가 살아 숨쉬는 4기 민주정부 수립과 정권교체를 바라고 있는 시민들의 열망도 잘 알고 있습니다.

주권자가 주인이 되고, 모든 국민이 먹고 사는 걱정을 떨쳐내는 민주복지국가로의 도약을 위해서는 앞으로도 촛불시민의 참여가 그 어느 때보다도 절실합니다.

저도 끝까지 함께 하겠습니다.

2024년 12월 14일 국회에서 탄핵소추안이 가결되고 나는 국회에 모인 시민들 곁으로 달려갔다. 국회 앞에 모인 많은 시민들이 나를 알아봐주셨고, 저녁을 먹으러 간 식당에서는 밥값을 내주겠다는 시민도 있었다. 내란의 밤, 계엄군을 막아선 국민들께 한없는 고마움을 느꼈다.

헌법재판소에서 탄핵재판이 열리는 동안 매주 광화문 광장에서는 촛불시민들의 함성이 드높았다. 나도 매주 집회에 응원봉을 들고 참여해서 시민들과 함께 했다. 비를 맞으며, 눈을 맞으며 시민들은 포기하지 않았다.

12.3 내란의 밤, 시민들이 내란을 막아주셨고 마침내 윤석열을 탄핵심판 재판정에 세울 수 있었다. 시간이 갈수록, 탄핵심

판 변론이 진행될수록 내란 수괴 윤석열의 거짓말과 뻔뻔함에 국민들은 분노하고 있었다. 하지만 윤석열은 바로 저곳 헌법재판소에서 반드시 파면될 것임을 우리는 굳게 믿었다.

2025년 4월 4일, 대통령 윤석열은 파면되었다. 국회탄핵소추단은 광화문 광장에서 국민들께 윤석열 파면을 보고드렸다.

광화문 집회 무대에서 2025. 4. 5

"민주공화국의 주권자이신 대한 국민 여러분! 고맙습니다."

책을 마치며

그 마음들은 내 삶에서
더 바랄 게 없는 선물

공무원 인생의 마침표에 정치의 길이 열릴 줄 몰랐는데, 어쩌다 보니 떠밀리듯 정치를 하게 되었습니다. 살아오면서 가장 싫은 일이 사진 찍히는 일과 사람들 앞에서 말하는 것이었습니다. 두 가지를 일상으로 해야 하는 일이 정치입니다.

지금도 거리에서 사람들을 만나고 인사하는 건 어색하고 쑥스럽습니다. 카메라 앞에서 법사위원회 회의가 진행되는 것도 처음에는 충격이었습니다. 조용한 사무실에서 피의자와 하루 종일 씨름하며 조사만 하던 과거의 일터와 달라 적응에 시간이 필요했습니다.

2011년 서울시장 보궐 선거, 2020년 윤석열 감찰 당시 언론에 시달린 경험 때문에 엄마가 TV에 나오는 것을 극도로 싫어하는 아이들은 정치하는 것도 좋아하지 않았습니다. 아이들은 엄마가 사람들의 온갖 시선에 드러나 이름이 오르내리는 것보다 집에서 자신들을 기다리고 저녁이면 장을 보고 따뜻한 밥상을 차려주기를 바랐을 것입니다. 그 일을 할 때 저도 제일 행복했습니다.

아이들에게든 누구에게든 큰소리 내서 질책하는 경우가 거의 없는 집이라 가족들은 제가 국회에서 사람들에게 큰소리로 추궁하고 잘못을 질책하는 모습을 보고는 처음에는 걱정을 많이 했습니다. 정치라는 것은 거창하고 어려운 용어를 쓰고 우아하고 고급스럽게 하는 건데 저는 늘 화난 사람처럼 누군가를 공격하고 너무 강한 말을 하니 그 모습을 대부분 좋아하지 않을 것이라고, 그래서 비호감이 되지 않을까 하는 우려였습니다.

그런데 사람들이 저의 그런 모습들을 오히려 좋아하고 칭찬해 주는 걸 보고 저희 집 사람들은 모두 놀라워했습니다. 아무래도 천직을 찾은 것 같다며 놀리기도 했습니다.

아직도 사람들이 저를 지지하고 좋아해 주는 이유를 정확하게는 모르겠습니다. 정치란 어려운 일입니다. 짐작으로는 윤석열에 대한 실망이 크니, 그에 맞서 싸웠던 저를 통해 대리 만족을 느끼시는 것 같기도 합니다.

저는 삶에서 전형적인 결정을 하지 않아 지금의 자리에 온 것도 같습니다. 좋은 선택이었는지는 잘 모르겠지만 후회는 하지 않습니다. 공무원으로 일한 것이 의미 있었고 보람 있었으며 특히 윤석열 감찰은 반드시 해야 할 일이었는데 가까스로 해낼 수 있어서 참 다행이었다고 생각합니다. 만일 중도에 그만두었더라면 많이 부끄러웠을 것입니다.

너무 많은 분들이 지난 1년 동안 저의 의정 활동에 지지와 연대를 보내주셨습니다. 2020년 윤석열을 감찰할 때는 온 언론으로부터 집중포화를 받고 세상에 나 혼자 있는 기분이었습니다. 그러나 정치에 입문하고 거리에서 만난 시민들께서 넘치는 칭찬과 격려 그리고 고생했다는 위로를 주셨습니다. 이 빚은 평생 갚을 수 없고, 다시는 경험할 수 없는 소중한 순간이었습니다. 정치를 하지 않았다면 느끼지 못했을 그 마음들은 내 삶에서 더 바랄 게 없는 선물이었습니다.

그 선물에 감사하며 지지를 보내주신 모든 분께 깊은 감사를 전합니다.

징계를 마칩니다

일 좋아하던 평범한 검사, 총장과 맞서다

초판 1쇄 인쇄 2025년 7월 25일
     1쇄 발행 2025년 7월 29일

지은이	박은정
펴낸이	김영훈
편집	김호경, 윤미영
디자인	옥영현
펴낸곳	안나푸르나
출판신고	2012년 5월 11일
주소	경기도 고양시 덕양구 꽃내음 3길 33, 천변풍경
전화	070-4799-5150 팩스 0504-849-5150
전자우편	idealism@naver.com
ISBN	979-11-86559-93-2(03340)

* 저자와의 협의로 인지는 붙이지 않습니다.
* 이 책은 저작권법에 따라 보호받는 저작물이므로 무단 전재와 복제를 금하며, 이 책의 내용 전부 또는 일부를 이용하려면 반드시 저작권자와 안나푸르나의 서면 동의를 받아야 합니다.
* 유통 중에 파손된 책은 구입하신 서점에서 바꾸어 드리며, 책값은 뒤표지에 있습니다.